Thomas Achim Schoke
Erziehung und Ausbildung des Hundes

Herausgegeben unter dem Patronat des
Verbandes für das Deutsche Hundewesen e. V.,
44141 Dortmund

Thomas Achim Schoke

Erziehung und Ausbildung des Hundes

Mit 39 farbigen Abbildungen

Parey Buchverlag Berlin 1998

Parey Buchverlag im
Blackwell Wissenschafts-Verlag
Kurfürstendamm 57, D-10707 Berlin

e-mail: parey@blackwis.de
Internet: http://www.parey.de

Anschrift des Autors:
Thomas Achim Schoke
Sven-Hedin-Str. 53
14163 Berlin
email: webmaster@owtscharka.de
Internet: http: //www.owtscharka.de

Die Wiedergabe von Gebrauchsnamen, Handelsnamen, Warenbezeichnungen usw. in diesem Buch berechtigt auch ohne besondere Kennzeichnung nicht zu der Annahme, daß solche Namen im Sinne der Warenzeichen- u. Markenschutzgesetzgebung als frei zu betrachten wären und daher von jedermann benutzt werden dürften.

Dieses Werk ist urheberrechtlich geschützt. Die dadurch begründeten Rechte, insbesondere die der Übersetzung, des Nachdrucks, des Vortrages, der Entnahme von Abbildungen und Tabellen, der Funksendung, der Mikroverfilmung oder der Vervielfältigung auf anderen Wegen und der Speicherung in Datenverarbeitungsanlagen, bleiben, auch bei nur auszugsweiser Verwertung, vorbehalten. Eine Vervielfältigung dieses Werkes oder von Teilen dieses Werkes ist auch im Einzelfall nur in den Grenzen der gesetzlichen Bestimmungen des Urheberrechtsgesetzes der Bundesrepublik Deutschland vom 9. September 1965 in der Fassung vom 24. Juni 1985 zulässig. Sie ist grundsätzlich vergütungspflichtig. Zuwiderhandlungen unterliegen den Strafbestimmungen des Urheberrechtsgesetzes.

Die Deutsche Bibliothek – CIP-Einheitsaufnahme

Schoke, Thomas Achim : Erziehung und Ausbildung des Hundes / Thomas Achim Schoke. – 1. Aufl. – Berlin : Parey, 1998
ISBN 3-8263-8503-9

1. Auflage: © 1998 Blackwell Wissenschafts-Verlag, Berlin · Wien

Einbandgestaltung: Rudolf Hübler, Berlin, unter Verwendung einer Abbildung von Thomas Achim Schoke

Satz und Repro: Type-Design, Berlin
Gesamtherstellung: Havel Spree Verlagsservice, Berlin
Druck und buchbinderische Verarbeitung: Meiling Druck, Magdeburg

Gedruckt auf chlorfrei gebleichtem Papier

Printed in Germany · ISBN 3-8263-8503-9

Geleitwort

Mehr als 60 verschiedene Bücher zu Hunderassen und Hunden generell enthält unser Programm, das erste, das ein Geleitwort vom Verleger erhält, ist dieses, das Sie nun in Händen halten. Die besondere Bewandtnis dieses Geleitwortes gilt es zu erläutern. Es ist noch nicht ein Jahr her, da hat sich die verdienstvolle Zeitschrift „Test" mit dem Thema Hundeerziehung befaßt und unter zig Büchern kein einziges gefunden, das vorbehaltlos empfohlen werden konnte. Das Pech wollte es, daß unser großes Buch zur Hundeerziehung vom gleichen Autor Schoke erst kurze Zeit später erschien, so daß es bei Redaktionsschluß der Zeitschrift der Stiftung Warentest nicht berücksichtigt werden konnte. Wie große Bücher es so an sich haben, sind sie ausführlich, umfangreich und entsprechend vom Preis her einzuordnen. Das gilt auch für das große Buch von Schoke, es liegt über den vergleichbaren Preisen der Vielzahl kleinerer Werke.

Wir haben uns deswegen gemeinsam mit dem Autor entschlossen, aus dem großen Werk ein kleines herauszukondensieren, das in aller Kürze und gebotenen Verständlichkeit den eiligen Leser unterrichtet und informiert. So ist es gelungen, eine preiswerte Kurzversion herauszubringen, die den Leser in die Lage versetzt, die artgerechte Erziehung seines Hundes erfolgreich vorzunehmen. Als Verleger aber kann ich es mir nicht verkneifen, meine eigene Erfahrung mit meinem Hund sprechen zu lassen. Wer sich intensiv der Erziehung seines Hundes widmet, wird sehr bald feststellen, daß es eben doch der tiefgreifenderen Information bedarf, damit man alle Verhaltensweisen entsprechend interpretieren kann. So wird die Pflicht zur Kür, die Mühsal zum Vergnügen. Dies gilt für Halter wie für Hund!

Deswegen möchte ich es nicht versäumen, darauf hinzuweisen, daß das große Buch von Schoke am Schluß des Werkes in Form einer Werbung Aufnahme findet, wer die Zeit hat, die Leidenschaft besitzt und entsprechend investieren mag, sollte sich nach ersten Erfolgen den großen Erfolg gönnen!

Berlin, im September 1998

Dr. med. Axel Bedürftig

Vorwort

Seit sich vor einigen 10 000 Jahren die Stammväter unserer heutigen Hunde dem Menschen angeschlossen haben, ist der Haushund nicht nur unser Freund und Begleiter, sondern auch unser Beschützer, Wächter und unentbehrlicher Helfer geworden. Aus unserem Lebensraum sind Hunde nicht mehr wegzudenken, und Hundehaltung ist am Ende des 20. Jahrhunderts als weit verbreitetes Kulturgut in unserer Gesellschaft verankert. Die Vielseitigkeit der Spezies Hund zeigt sich mannigfaltig auf den Gebieten, auf denen uns noch heute Hunde unterstützen, indem sie unsere Sinne ergänzen, unser Heim bewachen oder ihre Kraft und Schnelligkeit in unseren Dienst stellen.

Die Spezialisierung vieler Hunderassen auf bestimmte Aufgaben hat der Mensch in weit über tausendjährigen Zuchtbemühungen angestrebt. Die Palette reicht von klassischen Hütehunden über Wächter für Haus und Hof bis zu Herdenschutzhunden, Rettungshunden, Blindenhunden und Jagdgehilfen. Die Einsatzgebiete sind beinahe unerschöpflich, und es verwundert nicht, daß Methodik, Techniken und Ziele der Ausbildung auf das Individuum Hund abgestimmt sein müssen.

Die Ausbildung eines Hundes kann höchst unterschiedliche Inhalte haben. Die Spanne reicht von artfremder Dressur ohne Bezug zu natürlichen Lebensinhalten über die künstliche Steigerung der Aggressionsbereitschaft im Rahmen einer Schutzhundausbildung bis hin zu Spezialausbildungen für Jagd- und Apportierhunde. Nichts davon ist Thema dieses Buches. Nicht die speziellen Anforderungen verschiedener Vereine und Interessengruppen werden erörtert, sondern die Frage, wie jeder Hundebesitzer seinen vierbeinigen Gefährten zu einem umweltsicheren und verläßlichen Begleiter erziehen kann. Durch die immer größer werdende Zahl von Hunden in unserer Gesellschaft sind in den letzten Jahren nicht unerhebliche Probleme entstanden. Viele Zwischenfälle mit Aggressivitätsausbrüchen problematischer Hunde haben zu einer deutlichen Verschärfung des Klimas zwischen Hundefreunden, Hundeskeptikern und Hundegegnern geführt. Mehr denn je sieht sich ein verantwortungsvoller Hundehalter mit der Notwendigkeit konfrontiert, seinen Vierbeiner zu einem angepaßten und verträglichen Mitglied der menschlichen und hündischen Gesellschaft zu erziehen. Einerseits soll sich ein Familienhund im Verkehr nicht selbst in Gefahr bringen, andererseits müssen durch eine geeignete Ausbildung auch die Gefahren für seine Umwelt auf das mögliche Minimum reduziert werden. Diesem Ziel ist das vorliegende Buch gewidmet. Es vermittelt die Grundlagen zeitgemäßer Hundeausbildung und ermöglicht sowohl dem erfahrenen Hundefreund wie auch dem interessieren „Neu-Hundebesitzer", die Erziehung des Hundes in eigener Regie durchzuführen.

Wichtiger als Übungen zu erläutern und Ziele vorzugeben, ist für ein Buch zur Hundeerziehung, den Tierfreund bei der Vermeidung von Fehlern zu unterstützen. Es sind kleine, scheinbar unwesentliche und manchmal kaum feststellbare Unterschiede, die über Erfolg oder Mißerfolg einer Ausbildung entscheiden. Viele Hunde, die im Ruf stehen, nicht ausbildungsfähig zu sein, wurden Opfer falscher Ausbildungsmethoden, mangelnden Einfühlungsvermögens oder nicht ausreichender Geduld ihrer Besitzer. Aus diesem Grund ist der erste Teil des Buches dem Verständnis von Wahrnehmung und Sinnesleistungen des Hundes, seinen kommunikativen Möglichkeiten durch Körper- und Lautsprache und der caninen Wesensentwicklung gewidmet. Mit den Techniken und Methoden der Hundeausbildung, deren Kenntnis die Grundlage artgerechter und erfolgreicher Arbeit bildet, befaßt sich der zweite Themenkomplex. Im Mittelpunkt des dritten Abschnitts steht die Integration eines Welpen oder erwachsenen Hundes in seine Familie, seine Umwelt und sein neues Sozialgefüge. Die Erziehung zur Stubenreinheit hat hier genauso ihren Platz wie die Bedeutung der Rangordnung in der Mensch-Hund-Beziehung und die Möglichkeiten des Tierhalters, auf diese Entwicklungen Einfluß zu nehmen. Der vierte und umfangreichste Abschnitt erläutert praktische Übungen und gibt ausführliche Hilfestellung bei Konzeption und Durchführung des Übungsprogrammes.

Sie mit dem nötigen Rüstzeug für eine erfolgreiche Erziehung Ihres Hundes zu versorgen, Hintergrundwissen zu vermitteln und Anregungen für die Ausbildung zu geben, ohne dabei den praktischen Bezug zu vernachlässigen, ist die Aufgabe, die ich mir mit diesem Buch gestellt habe.

Für die Lektüre und die Arbeit mit Ihrem vierbeinigen Gefährten wünsche ich Ihnen viel Spaß und Erfolg.

Berlin, im August 1998
Thomas Schoke

STÄRKT DIE ABWEHRKRÄFTE

GLÄNZENDES FE

IDEALE BEKÖMMLICHKEIT

Die Innovation
Der Aktive Gesundheitsbeitrag
von Pedigree® PAL®

Pedigree® PAL® setzt neue Maßstäbe. Denn jetzt leistet bereits die Ernährung einen aktiven Gesundheitsbeitrag!
Die Innovation: Das neue Pedigree® PAL® mit aktivem Gesundheitsbeitrag.

Es unterstützt:
- die natürlichen Abwehrkräfte des Hundes
- ausgezeichnete Bekömmlichkeit
- gesunde Haut und glänzendes Fell

Durch:
- eine neuentwickelte Vitamin-Mineralstoffkombination
- speziell ausgewählte Ballaststoffe
- besonders wertvolle Öle

Das neue Pedigree® PAL® bietet besten Geschmack durch ausgesuchtes, leckeres Fleisch. Die einzigartige Wirkkombination unterstützt die Gesundheit und das Wohlbefinden Ihres Hundes. Das neue Pedigree® PAL® mit aktivem Gesundheitsbeitrag.

Mit unseren Tierärzten entwickelt, von erfolgreichen Züchtern empfohlen.

Inhalt

Hunde richtig verstehen! 11
Wahrnehmung und Sinne des Hundes – Körper- und Lautsprache
des Hundes – Signale durch Körpersprache und Lautäußerungen –
Wesenseigenschaften – Angst und Aggression – Verjugendlichung –
Jagd- und Beutetrieb des Hundes

Ausbildungstechnik und Methodik 30
Der Hund als Partner – Lautzeichen oder Hörzeichen – Sichtzeichen –
Aufbau von Ritualen – Einwirkungen und Korrekturen – Motivation
durch Lob – Konsequenz ist das Geheimnis des Erfolges – Geduld und
Streßvermeidung – Gestaltung der Übungen – Einbeziehung der Familienmitglieder – Instinktkollisionen – Setzen von Tabus – Hilfsmittel für die
Ausbildung – Vertiefung des Erlernten – Unlautere Ausbildungsmethoden

Ein Hund kommt ins Haus 55
Übernahme vom Züchter oder Tierheim – Die erste Nacht im neuen Heim –
Erziehung zur Stubenreinheit – Integration in Familie und Umwelt –
Gewöhnung an Halsband und Leine – Kontakt zu Artgenossen –
Welpenspielgruppen – Spielen ist wichtig! – Zuweisen einer Position
im Rudel – Besuche beim Tierarzt – Erste Übungen mit dem Welpen

Übungen zur Ausbildung 76
Gewöhnung an Verkehrs- und Umweltgeräusche – Laufen an der Leine –
Laufen in Menschenmengen – Begegnungen mit Radfahrern und Joggern –
Aufnahme von Gegenständen – Das Lautzeichen „Sitz!" – Verhalten
in öffentlichen Verkehrsmitteln – Einübung des Sichtzeichens „Sitz!" –
Das Lautzeichen „Platz!" – Das Sichtzeichen „Platz!" – Die Übung „Bleib!" –
Laufen bei Fuß – Abrufen des Hundes – Spielerisches Training
der Grundübungen – Überquerung von Straßen – Laufen bei Fuß
ohne Leine – Das Lautzeichen „Stop!" – Ein Ritual vor Betreten des Hauses

Anhang 111
Literatur – Weiterführende Literatur aus dem Parey Buchverlag –
Bildnachweis

Hunde richtig verstehen!

Wahrnehmung und Sinne des Hundes

Um einen Hund erfolgreich ausbilden zu können, genügt die schlichte Kenntnis einiger Übungen und Techniken nicht. Der Hundebesitzer muß nicht nur in der Lage sein, Körper- und Lautsprache seines Vierbeiners richtig zu deuten, auch das Wissen um die Leistungen der Sinnesorgane und die Grundlagen canider Wesensentwicklung sind von großer Bedeutung. Nur auf dieser Basis läßt sich verstehen, warum Ausbildungsinhalte dem Hund nur in einer bestimmten Form vermittelt werden können.

Wie erlebt ein Hund seine Umwelt? Diese Frage steht im Mittelpunkt zahlreicher Forschungsprojekte, und sie ist der Schlüssel zum Verständnis der Reaktionen und Verhaltensweisen des Hundes. Obwohl die Wissenschaftler schon interessante Erkenntnisse gewonnen haben, bleiben viele Aspekte caniner Wahrnehmung nebulös und das Gesamtbild lückenhaft. Da es niemals einem Menschen vergönnt sein wird, die Bewegung eines kleinen Beutetieres im Halbdunkel mit den Augen eines Hundes zu sehen, den Schritt eines um unser Haus schleichenden Einbrechers mit seinen Ohren zu hören oder die Duftmarken einer Straße mit seiner Nase zu analysieren, liegen die sinnlichen Fähigkeiten unseres vierbeinigen Hausgenossen jenseits aller Vorstellungskraft. Dennoch ist die Betrachtung der spärlichen Erkenntnisse über die Sinne des Hundes, die uns heute zur Verfügung stehen, ungeheuer faszinierend. Der Wolf ist als hochspezialisierter und effektiver Jäger mit allen Fähigkeiten ausgestattet, die er benötigt, um ein Beutetier zu orten, zu verfolgen und zu reißen. Jeder Hundewelpe kommt mit den Anlagen zu diesen Fähigkeiten auf die Welt. Selbst die Zuchtauswahl des Menschen hat bisher keine grundsätzliche Veränderung herbeiführen können.

Das Sehvermögen eines Hundes unterscheidet sich stark von dem des Menschen. Sind wir in Ermangelung anderer hochentwickelter Sinne überwiegend auf optische Wahrnehmung angewiesen, folgt der Hund primär seinem Geruchssinn und ortet kleine Beutetiere zumeist akustisch. Das Blickfeld des Hundes ist, mit ungefähr 220–250 Grad erheblich größer als das des Menschen, welches nur ca. 100 Grad beträgt. So kann der Hund, ohne den Kopf zu drehen, einen mehr als doppelt so großen Bereich überblicken als der Mensch. Ein Hund hätte also, einige Meter vor einem Fußballtor sitzend, noch beide Torpfosten in seinem Blickfeld, wenn er den gegnerischen Torwart fixiert. Dafür sieht der Hund seine Umwelt nicht annähernd so scharf und detailliert wie wir. Zwei Tests, die jeder

Hundehalter selbst nachvollziehen kann, verdeutlichen, daß das Sehvermögen des Hundes bewegungsorientiert ist und statische Objekte schon auf kurze Distanz nicht mehr wahrgenommen werden können. Steht der Hundehalter reglos auf dem Gehsteig einer Straße, kann ihn sein Hund nicht erkennen, während er von einer Hilfsperson auf dem gegenüberliegenden Gehweg geführt wird. Nur der Wind, der dem Hund den vertrauten Geruch seiner Bezugsperson zuträgt, kann ihm die Anwesenheit seines Besitzers verraten. Das Erkennen statischer Objekte und die Unterscheidung von Gegenständen mit ähnlichem Umriß sind beim Hund auf ungefähr zehn bis fünfzehn Meter reduziert. Bewegungen hingegen, etwa das Armschwenken einer Person, nimmt der Hund bei guten Sichtverhältnissen noch aus einer Entfernung bis zu einem Kilometer wahr. Diese Art zu sehen, ist perfekt auf die Bedürfnisse eines räuberisch lebenden Tieres abgestimmt. Während ein Beutetier, selbst wenn es sich farblich kaum vom Hintergrund abhebt, aufgrund seiner Bewegung aus großer Entfernung wahrgenommen werden kann, bleiben unbedeutende Informationen wie das filigrane Blattwerk einer Hecke unberücksichtigt. Viele Untersuchungen befassen sich mit der Farbsichtigkeit des Hundes. Die Ergebnisse, die uns bis heute von Wissenschaftlern präsentiert wurden, haben noch keinen endgültigen Aufschluß zu dieser Frage geben können und widersprechen sich teilweise erheblich. Die lange Zeit gültige Lehrmeinung, ein Hund könne überhaupt keine Farben unterscheiden und würde neben Grauschattierungen nur hell und dunkel erkennen, gilt als widerlegt. Dennoch scheint die Farbsichtigkeit des Hundes nicht annähernd an die des Menschen heranzureichen. Neuere Untersuchungen gehen davon aus, daß ein Hund zwar Farben unterscheiden kann, Leuchtkraft und Sättigung der Farben für ihn aber weit weniger deutlich erscheinen als für die Augen eines Menschen. Ob ein Hund alle Farben gleich gut sehen kann, oder ob es eine Präferenz von Grün- und Blautönen gibt, wie manche Studien behaupten, bedarf weiterer Untersuchungen. Unstrittig hingegen ist das ausgezeichnete Sehvermögen des Hundes bei Nacht und in der Dämmerung. Auch hier werden Bewegungen über erstaunlich große Entfernungen festgestellt. Der reflektierende Augenhintergrund des Hundes, den wir in der Dunkelheit als „leuchtende Augen" wahrnehmen, verstärkt das einfallende Licht und erhöht die Nachtsichtigkeit. Dennoch verlassen sich Hunde in der Dunkelheit hauptsächlich auf ihr Gehör und ihren Geruchssinn, wenn sie ihre Umwelt erkunden.

Für die Ausbildung des Hundes auf Sichtzeichen ergeben sich aus den Betrachtungen über die Sehfähigkeit folgende Schlußfolgerungen: Ein Sichtzeichen muß immer eine deutliche Bewegung beinhalten, und das zeichengebende Objekt soll einen ausgeprägten Kontrast zu seiner Umgebung besitzen. Ein dunkler Handschuh, mit dem vor einer schwarzen Jacke ein Sichtzeichen gegeben wird, ist für den Hund nur diffus wahrnehmbar

Wahrnehmung und Sinne des Hundes

Der Blickwinkel des Menschen beträgt ungefähr 100 Grad. Er muß seine Augen bewegen oder den gesamten Kopf drehen, um das gleiche Gebiet zu überblicken wie ein Hund. Die Katze am linken Bildrand ist außerhalb seines Sichtfeldes, wenn er geradeaus schaut. Der Straßenkehrer kann nur schemenhaft wahrgenommen werden. Dafür sieht der Mensch alle Objekte sehr detailreich und scharf. Auch weiter entfernte Details, etwa die Farbe der Vorhänge an einem Fenster, können problemlos erkannt werden. Bekannte Personen kann der Mensch auch aus größerer Entfernung identifizieren. Objekte, die sich in Bewegung befinden, erhalten für den Menschen nur dann einen höheren Stellenwert, wenn er gezielt nach ihnen Ausschau hält. Das fahrende Auto und die Vögel ziehen den Blick des Menschen also nur dann auf sich, wenn ein besonderer Grund vorliegt, auf solche Bewegungen zu achten.

Hunde richtig verstehen!

Der Blickwinkel des Hundes ist mit weit über 200 Grad mehr als doppelt so groß wie der des Menschen. Er kann sowohl den Straßenkehrer wie auch die Katze sehen, wenn er geradeaus schaut. Objekte, die sich in Bewegung befinden, nimmt der Hund bevorzugt wahr. Der laufende Hund, das fahrende Auto und die Vögel ziehen seinen Blick magisch auf sich. Der Wahrnehmung von Details, vor allem weiter entfernt liegender Objekte, ist sehr viel geringer als beim Menschen. Die Fassaden und Grünanlagen verschmelzen optisch zu Flächen mit geringer Farbintensität und schwachen Kontrasten. Feine Strukturen und Details werden schon aus mittlerer Entfernung nicht mehr erkannt. Alles in allem ist die Sehfähigkeit des Hundes eine „Beutesehfähigkeit" und somit perfekt auf die Bedürfnisse eines Raubtiers abgestimmt. Wichtige Informationen über eine Situation erhält der Hund durch die gleichzeitige Auswertung von Geräuschen und Gerüchen.

Wahrnehmung und Sinne des Hundes

und wird schon aus geringer Entfernung übersehen. Die Bewegung eines, um Hand und Ärmelaufschlag gewickelten, weißen Tuches dagegen nimmt der Hund, selbst in der Dämmerung, noch aus dreißig Metern Entfernung zuverlässig wahr.

Genauso auf die Bedürfnisse eines Jägers angepaßt wie die Augen ist das feine Gehör des Hundes. Er kann Geräusche aus mindestens der vierfachen Entfernung hören wie ein Mensch und ist empfänglich für Frequenzbereiche, die unserer Wahrnehmung entzogen sind. Umfaßt das hörbare Frequenzspektrum eines erwachsenen Menschen ungefähr 10 000–18 000 Hertz, reicht das des Hundes bis weit in den Ultraschallbereich. Frequenzen von 60 000 Hertz können alle gesunden Hunde noch hören, viele nehmen sogar Geräusche im Bereich um 90 000 Hertz noch wahr. Wenn man bedenkt, daß für die nahezu verlustfreie Übertragung der menschlichen Sprache, zum Beispiel beim Telefonieren, ein Frequenzbereich von gut 3000 Hertz ausreicht, kann man sich vorstellen, wie viele zusätzliche Informationen der Hund aus seinem erweiterten Hörbereich schöpfen kann. Doch damit nicht genug. Ein Hund ist in der Lage, Töne zu unterscheiden, deren Tonhöhen nur eine Differenz vom achten Teil einer Note aufweisen. Diese Leistung kann selbst ein Musiker mit absolutem Gehör nicht erbringen. Die Summe dieser Eigenschaften ermöglicht dem Hund, feinste Schwankungen unserer Stimme wahrzunehmen und auch den für uns nicht bewußt hörbaren Obertonbereich auszuwerten. Aus diesem Grund ist es uns nicht möglich, einen Hund mit unserer Stimme zu täuschen. Wir mögen uns noch soviel Mühe geben, mit vermeintlich freudiger Stimme unseren Hund anzusprechen, wenn wir traurig sind – Veränderungen des für uns nicht beeinflußbaren Obertonbereiches zeigen dem Hund, daß wir in Wirklichkeit anders fühlen. Natürlich kann uns der Hund nicht einer Lüge oder Falschheit überführen, denn diese Begriffe existieren in seinem Vorstellungsvermögen nicht. Deutlich registriert er aber den Widerspruch zwischen den bewußten und unbewußten Signalen, die wir gleichzeitig an ihn senden. Die offensichtliche Diskrepanz löst bei ihm Verwirrung aus und läßt ihn mißtrauisch werden. Jeder Hundebesitzer hat schon einmal miterlebt, wie ein Mensch, der große Angst vor Hunden hat, mit aufgesetztem Selbstbewußtsein und betont freundlicher Stimme einen Hund anspricht und postwendend von diesem angeknurrt wird. Nicht erst die Geruchsveränderung durch den Angstschweiß der betreffenden Person löst die unfreundliche Reaktion des Hundes aus, sondern der Frequenzgang seiner Stimme entlarvt den Sprecher. Das akustische Profil seiner Stimme in Kombination mit Stimmlage und Körpersprache passen nicht in die erlernten Muster des Hundes und werden folglich als bedrohlich empfunden.

Eine Vielzahl von gleichzeitig vorhandenen Geräuschquellen, die für uns nur noch als Hintergrundlärm wahrnehmbar sind, kann der Hund differenziert auswerten und falls notwendig, einzelne Laute isolieren. Weckt ein Geräusch das Interesse des Hundes, kann er es mit unglaublicher Geschwindigkeit und Präzision orten. Innerhalb weniger Zehntelsekunden hat der Hund Richtung und Entfernung der Geräuschquelle bestimmt. Das Fiepen einer Maus in der Scheune nimmt der auf dem Sofa dösende Hund genauso zuverlässig wahr, wie den Schritt eines Fremden auf unserem Grundstück. Selbst die Geräusche unserer technisierten Welt kann ein Hund auswerten, speichern und wiedererkennen. Er identifiziert das Auto seines Besitzers durch eine kleine Anomalie des Geräuschbildes, vielleicht ein schleifendes Geräusch im Getriebe, oder er erkennt Resonanzen der Karosserie bei einer bestimmten Drehzahl. Meine Hündin erkennt den Tritt meiner Turnschuhe auf dem Straßenpflaster, wenn ich noch zwanzig Meter vom Haus entfernt bin, und nimmt meinen Lockruf, ein leises Schnalzen mit der Zunge, des Nachts über beinahe einhundert Meter wahr. Die dem Menschen weit überlegene Hörfähigkeit des Hundes läßt erkennen, daß das Anschreien von Hunden, wie wir es von Hundeübungsplätzen kennen, nicht nur höchst überflüssig ist, sondern sogar erfolgshemmend wirken muß. Die Gabe von Hörzeichen während der Ausbildung kann also jederzeit in normaler Stimmlage erfolgen, selbst dann, wenn sich der Hund einige Meter von uns entfernt hat.

Noch beeindruckender als das Gehör des Hundes ist sein Geruchssinn. Ausgestattet mit rund 220 Millionen Riechzellen ist die Nase das am höchsten spezialisierte Sinnesorgan des Hundes. Die Riechzellen, stellt man sie sich auf den Boden nebeneinander gelegt vor, würden eine Fläche von nicht weniger als sieben Quadratmetern bedecken. Dieser Wert läßt erahnen, welche Informationsflut ein Hund durch die Auswertung der für uns nicht wahrnehmbaren Geruchsspuren gewinnen kann. Dennoch gibt es Hundebesitzer, die ihrem Vierbeiner vorschreiben, woran er schnüffeln darf und woran nicht. Nähert sich ihr Hund einem Häufchen Kot, wird er unter „Ihh" und „Pfui" von dem für seine Nase duftenden Fundstück weggezogen. Der Mensch, mit seinem anerzogenen Ekel vor Fäkalien, kann sich nicht vorstellen, welch wichtige Informationsquelle die Hinterlassenschaft eines Artgenossen für einen Hund darstellt. Er kann nicht nur erkennen, von welchem Hund der Kot stammt, sondern er gewinnt viele zusätzliche Informationen über den Verursacher. Durch Beschnüffeln des Kots ermittelt er unter anderem: Alter, Geschlecht, Gesundheits- und Ernährungszustand sowie die Position des anderen Hundes in der Rangordnung. Ganz nebenbei bestimmt er das Alter des Häufchens und weiß daher, wann der Artgenosse an dieser Stelle vorbeigekommen ist. Verantwortlich für den „Duft" des Hundekots ist die Analdrüse, die eine schwarze, stark riechende Paste produziert. Das Analdrüsensekret wird dem Kot beigemengt, wenn sich der Hund löst. Der Hundebesitzer, der mit Schäufelchen und Plastiktüte die Hinterlassenschaften seines Vierbeiners beseitigt, begeht aus der Sicht des Hundes einen nicht zu rechtfertigenden Akt der Barbarei. Die Entfernung des der Kommunikation der Hunde dienenden Häufchens dürfte in seinen Augen einer modernen Bücherverbrennung gleichkommen. Er kann ja nicht wissen, daß seine Hinterlassenschaften häufig zu einer wenig erbaulichen Form der Kommunikation unter Menschen führen...

Körper- und Lautsprache des Hundes

Um die Körpersignale des Hundes zu verstehen und richtig zu interpretieren, braucht der Mensch ein geübtes Auge und eine genaue Kenntnis dieser Zeichen.

Wir Menschen sind durch unsere hochentwickelte Sprache, die uns jede Nuance unseres Fühlens ausdrücken läßt, nicht mehr sensibel für die Gesten und Grimassen, mit denen sich Hunde austauschen. Häufig unterhalten sich Menschen, ohne dabei direkten Blickkontakt zu haben. Die Unterhaltung Rücken an Rücken mit Kollegen im Büro findet genauso ohne Körpersignale statt wie die Konversation am Telefon oder das abendliche Familiengespräch vor dem Fernseher. Die Körpersprache hat für uns zwar eindeutig an Bedeutung verloren, ist aber keineswegs verschwunden und wird meistens unbewußt wahrgenommen. Der Angestellte, der vor seinem Chef „katzbuckelt", beweist seine Unterwürfigkeit schweigend durch gebeugte Körperhaltung und gesenkten Kopf. Der Vorgesetzte, der hochaufgerichtet mit kämpferisch nach vorn gestrecktem Kinn seinen Mitarbeitern eine Standpauke hält, will seine Überlegenheit – sprich: Dominanz – demonstrieren. Durch seine Körpersprache zeigt er: „Ich bin in einer höheren Position, ich bin kampfbereit". Wir erkennen die Botschaft, die uns durch Körpersprache übermittelt wird, ohne daß uns die Geste selbst bewußt wird. Im Umgang mit Hunden funktioniert diese Methode nicht, denn ihre Körpersprache ist in unserem Gedächtnis zunächst nicht als Muster gespeichert. Die Signale werden deshalb leicht übersehen, wenn wir nicht gezielt auf sie achten. Erst wenn sich ein Tierhalter intensiv mit Hunden beschäftigt hat, nimmt er die Körpersprache des Hundes genauso unbewußt und selbstverständlich wahr wie die der Menschen.

Während der Mensch vielfältige Möglichkeiten besitzt, die Bedeutung seiner Worte durch den gleichzeitig gezeigten Gesichtsausdruck zu bekräftigen, abzumildern, ins Ironische zu ziehen oder ins Gegenteil zu verkehren, ist die Körpersprache des Hundes sehr geradlinig. Besondere Bedeutung kommt der Stellung der Ohren sowie Position und Bewegung der Rute zu. Bei vielen Hunderassen schreibt der Zuchtstandard kupierte Ohren und/oder eine kupierte Rute vor. Dem Rottweiler wird die Rute üblicherweise voll kupiert. Unter Mißachtung gültiger Gesetze werden Dobermann und Boxer die Ohren teilweise abgeschnitten, um dem im Rassestandard geforderten Schönheitsideal einer bestimmten Ohrform näherzukommen. Den Owtscharki kupiert man die Ohren in Rußland gänzlich, um Verletzungen bei Kämpfen mit Wölfen entgegenzuwirken. Alle diese Hunde werden so um einen erheblichen

Teil ihrer natürlichen Ausdruckskraft gebracht. Aber auch der Körperhaltung und -spannung kommt eine Signalwirkung zu. Nur ein äußerst geringer Teil der Signale wird durch Veränderungen des Gesichtsausdrucks gegeben.

Die Interaktion des Hundes mit einem Menschen mittels Körpersignalen ist insgesamt recht gering, da der Hund gelernt hat, daß er im Normalfall auf seine Botschaften keine Antwort erhält. Ein gutes Beispiel ist die Aufforderung zum Spiel: Einem anderen Hund wird die Bereitschaft zum Spiel durch das Vorstrecken der Vorderläufe bei erhobenem Hinterteil gezeigt. Möchte der Hund hingegen einen Menschen zum Spiel auffordern, zeigt er dies durch Anspringen oder indem er sich vor der Person aufbaut und bellt. Ähnlich verhält es sich bei Drohgebärden. Während mit anderen Hunden zahlreiche Körpersignale ausgetauscht werden, droht der Hund einem Menschen hauptsächlich durch Knurren, Bellen oder warnendes Schnappen. Im Gegenzug entwickeln viele Hunde Gesten, die sie ausschließlich einem Menschen gegenüber zeigen. Kennen Sie den vermeintlich schuldbewußten Hund, der mit traurigem Augenaufschlag und hängenden Ohren vor Ihnen steht, nachdem Sie ihn beim Zerfetzen Ihrer Morgenzeitung ertappt haben? Eine häufig gegebene Interpretation dieses Körpersignals lautet: „Schau nur, wie niedlich, jetzt hat er ein schlechtes Gewissen...". Doch weit gefehlt! Der Hund hat überhaupt kein Gewissen. Er hat lediglich erlernt, daß er Sie durch dieses Verhalten beschwichtigen kann und gute Chancen hat, einer drohenden Strafe zu entgehen.

Erheblich umfangreicher als bei Wölfen ist die Vielfalt der Lautäußerungen, zu denen Haushunde fähig sind. Schon in der großen Anzahl verschiedener Ausdrücke, die unsere Sprache zur Beschreibung caniner Laute zur Verfügung stellt, spiegelt sich die Vielfalt wider. Hunde bellen, knurren, kläffen, blaffen, brummen, schlagen an, jaulen, heulen, fiepen, keifen, jodeln, machen „Wuff" oder schreien vor Schmerz. Mit etwas Übung ist es durchaus möglich, verschiedene Nuancen in Tonlage, Rhythmus und Intensität des Hundegebells wahrzunehmen. Bellt der Hund aus Freude über die Rückkehr seines Besitzers, klingt dies anders als das Verbellen eines fremden Hundes. Das helle „Spielbellen", als Aufforderung, noch einmal den Ball zu werfen, unterscheidet sich völlig von dem drohenden Donnern, mit dem ein ungebetener Gast auf Distanz gehalten wird. Viel mehr Informationen als wir erhält unser Hund, wenn er einen Artgenossen in der Entfernung bellen hört. Die Hunde seiner Nachbarschaft erkennt er an ihrer Stimme und kann zusätzlich heraushören, warum der andere Hund bellt, oder anders gesagt: er versteht die Botschaft seines Artgenossen. Beobachten Sie Ihren Hund, wenn in der Nähe Gebell ertönt. Manchmal wird er ohne jede Regung liegenbleiben, so als habe er nichts gehört, ein anderes Mal hingegen springt er auf, rennt zum Gartenzaun und antwortet dem anderen Hund mit drohendem Knurren oder warnendem Gebell.

Wir Menschen neigen dazu, diese unterschiedlichen Reaktionen einer Stimmung zuzuschreiben, die es allerdings bei Hunden in dieser Form nicht gibt. Neben dem Bellen als rein instinktive Reaktionen auf Reize gibt es auch Situationen, in denen ein Hund bellt, weil er erlernt hat, daß es ihm hilft, ein Ziel zu erreichen. Betrachten wir zum Beispiel das Verbellen des Briefträgers. Zunächst wähnt der Hund sein Rudel und seine Höhle durch die Annäherung eines Fremden bedroht. Er stimmt ein warnendes Gebell an, um seine Rudelmitglieder auf die von ihm georteten Gefahr aufmerksam zu machen. Nach kurzer Zeit verläßt der Briefträger das Grundstück, und die vermeintliche Gefahr konnte beseitigt werden, ohne daß es zu einer tätlichen Auseinandersetzung mit dem Eindringling kommen mußte. Nach einigen Wiederholungen dieses Vorganges hat der Hund gelernt, daß er Gefahren von seinem Rudel abwenden kann, wenn er nur lange genug bellt. Bei jedem Auftreten ungewohnter Geräusche wird der Hund nun sein Gebell ertönen lassen und überzeugt sein, wieder einmal seinen Schutzbefohlenen das Leben gerettet zu haben. Dem Hundehalter sind diese kausalen Zusammenhänge unter Umständen entgangen, und alle Bestrebungen, dem Hund das „Kläffen" abzugewöhnen, sind zum Scheitern verurteilt. Mit seinen Erziehungsversuchen kollidiert der Besitzer mit den Wach- und Schutzinstinkten seines Hundes, und der gewünschte Lernerfolg bleibt aus. In solchen Fällen müssen die ursächlichen Zusammenhänge in die Konzeption korrektiver Maßnahmen einbezogen werden. Abgesehen von erlerntem Verhalten besitzen verschiedene Hunderassen unterschiedliche Neigungen zum Bellen. Rottweiler bellen fast nie, Bernhardiner ausgesprochen selten, andere hingegen beantworten zahlreiche Reize mit anhaltendem Gebell. In diesem Punkt soll der Vergleich Mensch – Hund ausnahmsweise einmal gestattet sein: es gibt Einsilbige und Schweigsame, Mitteilungsbedürftige, Redegewandte und ausgemachte Schwätzer.

Genauso schwierig wie es uns Menschen fällt, die Lautäußerungen eines Hundes zu unterscheiden und die richtigen Schlüsse daraus zu ziehen, ist es für den Hund, aus unserer Sprache verwertbare Informationen zu extrahieren. Der Tonbrei unserer schier endlosen Sätze stellt ihn zwangsläufig vor ein Rätsel, aber es gelingt ihm wohl, aus Ton- und Stimmlage auf die Stimmung des Sprechers und über diesen Umweg auch auf den Inhalt seiner Rede zu schließen. Er erkennt sofort, ob wir freundlich, ängstlich, wütend oder deprimiert sind. Mit Beginn seiner Prägungsphase lernt der Hund, sich auf das Verhalten und die Lautäußerungen von Menschen einzustellen. Der Hundehalter kann seinem Vierbeiner das Verstehen menschlicher Laute und Ausdrucksformen erleichtern, indem er ihn immer gleich behandelt und mißverständliche Verhaltensweisen unterläßt. Verknüpft man zwei völlig widersprüchliche Dinge, zum Beispiel körperliche Strafe und verbales Lob, bewirkt dies beim Hund den Verlust des fundamentalen Verständnisses menschlicher Reaktionen und führt letztlich zu Unsicherheit und Verhaltensstörungen. Die feste Beziehung zwischen Lautäußerung und Verhalten seiner Bezugspersonen ist eine wichtige Grundlage für das erfolgreiche Lernen eines Hundes.

Dabei bringen es viele Hunde zu erstaunlichen Fähigkeiten, und nicht wenige Hundebesitzer versichern dem staunenden Besucher, ihr Vierbeiner verstünde jedes Wort. Tatsächlich beruht dieses Phänomen jedoch auf der Fähigkeit des Hundes, das gleichzeitige Auftreten verschiedener Reize gedanklich zu verknüpfen und mit einem erlernten Reaktionsmuster zu beantworten. Ein schönes Beispiel ist das Hereinholen der Zeitung. Ein Hundebesitzer geht täglich zu einer bestimmten Zeit mit dem Hund zum Gartentor, um die Zeitung aus dem Briefkasten zu nehmen. Er leitet diesen Vorgang mit den Worten „Zeitung holen" ein. Am Briefkasten gibt er seinem Hund die Zeitung in den Fang und belohnt ihn mit einem Leckerchen, wenn er „Herrchens" Tageszeitung bis ins Wohnzimmer trägt. Es wird nicht lange dauern, bis der Hund auf das bekannte Lautzeichen hin alleine zum Briefkasten stürmt und kurz darauf schwanzwedelnd mit der gewünschten Lektüre im Fang bei seinem Besitzer erscheint. Der Hund hat erlernt, daß ihm etwas Angenehmes widerfährt, wenn er in einer bestimmten Situation auf eine Lautäußerung seines Hundeführers in gewünschter Form reagiert. Ein unkundiger Betrachter könnte den Eindruck gewinnen, der Hund habe die Worte ihrem Sinn gemäß verstanden.

Signale durch Körpersprache und Lautäußerungen

Die Beispiele beziehen sich auf einen Hund, der seine Rute im Ruhezustand hängend tragen kann (z. B. Deutscher Schäferhund).

Aufmerksamkeit, Wachsamkeit: Hoch erhobene, nahezu bewegungslose Rute, aufgestellte und nach vorn gerichtete Ohren, gestreckter Hals, deutliche Muskelspannung. Nimmt der Hund ein ungewohntes Geräusch wahr, oder erregt eine sich nähernde Person sein Mißtrauen, nimmt er zunächst diese Aufmerksamkeitshaltung ein.

Unsicherheit (Objektbezogen): Leicht erhobene Rute, schwache Wedelbewegung ohne konstanten Rhythmus, aufgestellte Ohren, mäßige Körperspannung. Der Hund weiß noch nicht, was er von einer Situation halten soll. Hebt er in dieser Situation eine Vorderpfote, zeigt er damit seine Fluchtbereitschaft.

Unsicherheit (Situationsbezogen): Das Mißfallen in einer Ausbildungssituation zeigt der Hund zumeist nur durch nach hinten gelegte Ohren. Die Rute kann dabei mehr oder weniger erhoben bleiben, wird aber nicht voll aufgerichtet getragen.

Unwohlsein, Schmerz: Trägt der Hund auf einem Spaziergang über längere Zeit seine Rute deutlich gesenkt oder regelrecht senkrecht herabhängend, ist dies ein sicheres Anzeichen für körperliches Unwohlsein oder einen chronischen Schmerz.

Signale durch Körpersprache und Lautäußerungen

Angst: Senkrecht nach unten zeigende oder zwischen den Hinterläufen eingeklemmte Rute, angelegte Ohren, gebogener Rücken, geduckte Körperhaltung.

Selbstsichere Drohung: Rute hoch erhoben mit langsamen, kurzen Wedelbewegungen, gesträubtes Rückenfell, aufgestellte Ohren, gerade gestreckte Läufe, hohe Körperspannung. Diese Körpersignale zeigen die Angriffsbereitschaft und sollen sein Gegenüber einschüchtern. Werden diese Signale unverändert über einige Sekunden von zwei sich gegenüberstehen Hunden gezeigt, und beginnen sie sich anschließend gegenseitig zu umkreisen, wird mit hoher Wahrscheinlichkeit eine tätliche Auseinandersetzung folgen.

Ängstliche Drohung: Niedriger oder waagerecht getragene Rute, nach hinten angelegte Ohren, gesträubtes Rückenfell, hochgezogene Lefzen, deutlich geringere Körperspannung als bei der „selbstsicheren Drohung". Mit diesen Gesten zeigt der Hund mehr Verteidigungs- als Angriffsbereitschaft. Er möchte sein Gegenüber hauptsächlich vor einem Angriff warnen. Läßt der andere Hund aber nicht von seinen Einschüchterungsversuchen ab, oder fühlt sich der Hund bedrängt, kann aus der ängstlichen Drohung unvermittelt ein Angriff werden.

Die Aufforderung „Verschwinde!": Plötzliche Drehung des leicht gesenkten Kopfes in Richtung eines anderen Hundes bei gleichzeitigem kurzen Hochziehen der Lefzen. Dabei erfolgt zumeist keine Lautäußerung. Dieses Signal wird anderen Hunden aber so gut wie nie einem Menschen gegeben. Es kann unter anderem bei Hündinnen beobachtet werden, die einen Rüden auf Distanz halten möchten. Lehnt der Hund die Nähe eines Menschen ab, gibt er dies durch Knurren oder Bellen zu verstehen.

Verteidigungsbereitschaft: Der Gegner, auch ein Gegenstand, wird heftig verbellt und angeknurrt, wobei der Hund seitlich hin und her springt. Sein Rückenfell ist gesträubt, die Rute hoch erhoben bei aufrechter und gestreckter Körperhaltung. Jedes Haar des Hundes scheint zu signalisieren: „Einen Schritt weiter und es ist um Dich geschehen".

Angriffsbereitschaft: Heftiges, stakkatoartiges Gebell, hoch erhobene Rute und gesträubtes Rückenfell. Der Hund führt Scheinangriffe aus verschiedenen Richtungen durch, indem er auf sein Gegenüber zuspringt und wieder zurückgeht. Dadurch testet er die Verteidigungsreaktionen seines Kontrahenten.

Wohlbefinden: Aufgestellte Rute, die aber nicht so hoch getragen wird wie in Erregungszuständen, normale Ohrenstellung, anliegendes Deckfell. Die Rute bewegt sich rhythmisch, während der Hund läuft.

Leichte Freude, positive Grundstimmung: Deutliches Schwanzwedeln in Verbindung mit entspannter Körperhaltung.

Ausgeprägte Freude: Starkes Schwanzwedeln, bei dem das gesamte Hinterteil des Hundes in Bewegung ist. Dieses Verhalten ist typisch bei Begrüßungen vertrauter Menschen und Hunde. Mitunter ist die Freude so ekstatisch, daß die Rute kreisende Bewegungen vollführt.

Hunde richtig verstehen!

Typische Ausdrucksformen durch Körpersprache zeigt dieser Airedale Terrier. In der Praxis zeigen Hunde viele Varianten dieser Körpersignale, und nicht immer ist die Stimmung des Hundes so eindeutig erkennbar wie in den vorliegenden Beispielen. Besonders bei Begegnungen mit Artgenossen führt bereits eine minimale Veränderungen eines Körpersignals zu einer unterschiedlichen Mitteilung an den fremden Hund.

Wesenseigenschaften

Die große Vielfalt in der äußeren Erscheinung verschiedener Hunderassen ist für jeden Betrachter ohne Schwierigkeiten erkennbar. Wie aber verhält es sich mit den Wesenseigenschaften? Detaillierte Wesenszüge und Charaktereigenschaften sind keine direkt vererbbaren Merkmale. Vererbt werden lediglich die Anlagen zu biochemischen Reaktionen, welche aber letztlich für die Steuerung wesensbedingten Verhaltens verantwortlich sind.

Im Laufe seines Prägungs- und Reifungsprozesses stellt sich der heranwachsende Hund gemäß dem biologischen Sinn frühkindlicher Entwicklung auf die Anforderungen seiner Umwelt ein. Diese Anpassungsfähigkeit ist auf die art- und rassebedingten Möglichkeiten unter Berücksichtigung des individuellen Erbgutes beschränkt. Innerhalb des Spielraumes genetischer Anlagen einer bestimmten Rasse kann der Hundehalter durch Ausbildung und Erziehung weitgehenden Einfluß auf die Wesensentwicklung seines Hundes ausüben. Dabei muß der Wesenstyp des Hundes als Rahmen angesehen werden, der die Grenzen einer möglichen Modifikation vorgibt. Ein Hund mit phlegmatischem Charakter wird auch durch intensives Training nie an die Höchstleistungen eines behenden Agility-Profis heranreichen und die Übungen zeitlebens mit der seinem Wesenstyp entsprechenden Gelassenheit absolvieren. Die Abneigung eines Herdenschutzhundes gegen die Berührung fremder Personen läßt sich durch geeignete Ausbildung nur dahingehend beeinflussen, daß der Hund nicht sofort eine massive Verteidigungsreaktion zeigt. Es wird dagegen nicht gelingen, die Grundhaltung des Hundes insoweit zu verändern, daß er die Berührungen dauerhaft erduldet oder sogar als angenehm empfindet. Jeder Versuch einer Ausbildung, die im Widerspruch mit dem durch Rassezugehörigkeit und Individualität bedingten Wesenstyp des Hundes steht, bringt diesen unweigerlich in unlösbare Konflikte.

Der Anpassungsprozeß des Hundes an seine Umwelt findet aber keineswegs nur in einer frühen Lebensphase statt, auch Erfahrungen im Erwachsenenalter führen zu modifiziertem Verhalten und, sofern ungünstige Bedingungen vorliegen, zu Konflikten. Die einfache Schlußfolgerung dieser Zusammenhänge ist, daß der Hund nicht nur während der Entwicklungsphase, sondern während seines gesamten Lebens in art- und rassegerechtem Umfeld gehalten werden muß. Ein hochveranlagter, bestens geprägter und in seiner Umwelt perfekt sozialisierter Hund wird unter nicht artgerechten Haltungsbedingungen schon nach kurzer Zeit zahlreiche Verhaltens- und Gesundheitsstörungen entwickeln.

Jedes Lebewesen ist bemüht, innere und äußere Spannungszustände durch Verhaltensanpassungen zu kompensieren und in einen Gleichgewichtszustand zurückzuführen. Ein solcher Spannungszustand baut sich zum Beispiel in einem Hund auf, der über große Vitalität und Leistungsbereitschaft verfügt, diese aber durch isolierte und erlebnisarme Haltung nicht ausleben kann. Auf diesen Konflikt reagiert der Hund mit einer Verschiebung seiner Reiz-Reaktions-Muster. Eine Reaktion auf einen Reiz hängt immer von zwei Faktoren ab: der Stärke eines wahrgenommenen Reizes und der Bereitschaft des Empfängers auf diesen Reiz zu reagieren. Für die Reiz-Reaktions-Muster sind, neben allen Mischformen, zwei extreme Varianten denkbar: Ein sehr starker Reiz trifft auf eine äußerst geringe Bereitschaft des Hundes auf diesen Reiz zu reagieren, oder ein sehr schwacher Reiz trifft auf eine extrem hohe Reaktionsbereitschaft. Der Hund senkt durch Unterforderung, Langeweile und daraus resultierender Frustration seine Reizschwelle und versucht so seinen Erlebnishunger zu stillen. Man spricht in solchen Fällen von einem Triebstau. In der Praxis führt dies zu zwei verschiedenen Verhaltensauffälligkeiten: Entweder reagiert der Hund schon auf geringste Reize mit unangemessener Heftigkeit oder flüchtet sich in Leerlaufhandlungen. Im ersten Fall kann es zu einer Vielzahl scheinbar unmotivierter Reaktionen kommen. Aggressive Handlungen gegenüber anderen Hunden, fremden Menschen und sogar gegen die eigenen Bezugspersonen des Hundes sind denkbar. Der Hund kann sich aus nichtigem Anlaß in wahre „Bellorgien" hineinsteigern, bekommt Anfälle von Zerstörungswut, oder er beginnt sich selbst zu verstümmeln.

Bei einer Leerlaufhandlung hingegen täuscht sich der Hund eine Erlebnissituation vor, um eine Antriebsbefriedigung zu erreichen. Typische Leerlaufhandlungen sind: Folgen einer nicht vorhandenen Fährte, Verbellen und Bekämpfen eines imaginären Feindes oder vorgetäuschtes Spiel mit einem nicht vorhandenen Partner. Die wohl am häufigsten zu beobachtende und zudem völlig falsch eingeschätzte Leerlaufhandlung ist das Jagen des eigenen Schwanzes. In Ermangelung ausreichender Möglichkeiten zum Spiel mit Artgenossen oder Menschen wird der Schwanz des Hundes zum Ersatzobjekt. Allerdings führt die Beschäftigung mit einem Ersatzobjekt nie zur Antriebsbefriedigung, sondern verursacht Streß und Frustration; allmählich gerät der Hund immer tiefer in den Teufelskreis psychischer Isolation. Proportional zur Zunahme unbefriedigter Antriebsspannungen wird der Hund schon bald weitere Verhaltensauffälligkeiten entwickeln.

Diese Beispiele zeigen, daß die Inanspruchnahme hündischer Leistungsbereitschaft einerseits und das Vorhandensein einer artgerechten Erlebniswelt andererseits unersetzlich sind. Viele sogenannte „Wesensschwächen" des Hundes sind keine ererbten Charaktermängel, sondern psychische Reaktionen auf Haltungsmängel oder Kontaktdefizite zu seinem sozialen Umfeld.

Angst und Aggression

Jedes Lebewesen strebt danach, seine Grundbedürfnisse zu befriedigen. Dabei handelt es sich vor allem um den Nahrungserwerb und die Fortpflanzung der Art. Viele Verhaltensweisen des Individuums werden modifiziert, um im Wettbewerb des Überlebens erfolgreicher zu werden. Wir sprechen hier von Instinkten, die das Handeln bestimmen; das Gegenteil stellen rationale Entscheidungen dar, die aufgrund logischer Zusammenhänge unter Einbeziehung früherer Erfahrungen getroffen werden. Ängste können ererbt oder durch Erfahrung erworben werden. Wolfswelpen reagieren auch dann mit größter Angst auf die Annäherung von Menschen, wenn sie niemals zuvor Kontakt mit Menschen hatten. Die Angst vor dieser fremden Spezies fehlt den meisten Rassen der Haushunde völlig. Auf die Begegnung mit einem Menschen reagieren Hundewelpen mit Interesse und Neugier, sie nähern sich ohne Scheu und initiieren aus freien Stücken zwischenartliche Sozialkontakte. Aus diesem Verhalten ergibt sich die Schlußfolgerung, daß der Hund auch den Menschen als einen „Quasi-Artgenossen" ansieht, obwohl er den Unterschied zwischen beiden Arten eindeutig feststellen kann. Man spricht daher von einer doppelten Identität des Hundes, da er sich gleichzeitig zu Hunden und Menschen hingezogen fühlt. Eine Ausnahme bilden über mehrere Generationen verwilderte Hunde und jene Rassen, deren Bindung an den Menschen traditionell gering ist (z. B. Basenjis).

Was ist also Angst, und welche Aufgabe erfüllt sie im Leben des Hundes? In erster Linie kommt der Angst eine Rolle als „Gefahrenschutzinstinkt" zu. Ängste sorgen dafür, daß ein Lebewesen Situationen meidet, die mit einer Gefahr für seine Existenz verbunden sind. Ängste können sich auf mannigfaltige Art zeigen, die Bandbreite reicht, vielfach abgestuft, von einer unterschwelligen Beklemmung bis zur panischen Angst. Bei der ersten Variante zeigt der Hund nur ein erhöhtes Mißtrauen in einer bestimmten Situation oder gegenüber einer Person, im zweiten Fall wird unverzüglich eine heftige Reaktion auslöst. Diese panischen Reaktionen führen, in Abhängigkeit früherer Erfahrungen und dem Bewußtsein der eigenen Stärke, entweder zu Fluchtverhalten, demütigem Verhalten oder zu einer aggressiven Handlung. In der Hundeausbildung werden wir bei vielen Gelegenheiten mit Ängsten des Hundes konfrontiert und müssen dessen ängstliche Reaktionen verstehen lernen, um eine Ausbildung – sprich: Modifikationen seines Verhaltens – vornehmen zu können. Ängste lassen sich weder unterdrücken noch verbieten, und niemals zeigt sich die Angst als Ursache, sondern nur als Wirkung durch vermeintlich unmotiviertes Verhalten. Dabei können Ängste sowohl nachvollziehbar und wohl begründet wie auch willkürlich und scheinbar zusammenhanglos auftreten.

Ein typisches Beispiel unmotivierter Angst befällt viele Menschen, wenn sie bei Dunkelheit allein durch einen Wald gehen sollen. Obwohl keine konkrete Gefahr erkennbar ist, beschleicht uns eine diffuse Angst und führt zu verändertem Verhalten. Anstatt forsch auszuschreiten, verlangsamt der Mensch sein Tempo, Blutdruck und Adrenalinspiegel steigen, die Umgebung wird intensiv beobachtet, und wir blicken uns häufig sichernd um. Angstschweiß wird freigesetzt. Geräusche, die normalerweise nicht beachtet werden, ziehen unsere Aufmerksamkeit auf sich, der gesamte Körper zeigt eine hohe Spannung, und wir sind zur Flucht bereit. An diesem Beispiel läßt sich ablesen, wie vielschichtig Reaktionen, selbst auf eine unbegründete Angst, ausfallen können. Nicht anders geht es einem Hund, wenn er eine begründete oder unbegründete Angst verspürt. Der „Gefahrenschutzinstinkt" überlagert bei ihm alle anderen Instanzen, vor allem die Verhaltensweisen, die im Rahmen einer Ausbildung erlernt wurden. Plötzlich scheint der Hund alles Erlernte vergessen zu haben, und er reagiert mit seinen genetisch verankerten Verhaltensmustern Flucht oder Aggression. Für die Ausbildung des Hundes und das Verständnis seiner Reaktionen, Möglichkeiten und Grenzen ist die Kenntnis caniner Ängste unerläßlich. In den Kapiteln, die sich mit den praktischen Übungen befassen, werde ich noch mehrfach auf mögliche Ängste des Hundes hinweisen. Neben Ängsten und dem Bestreben, seine Grundbedürfnisse zu befriedigen, spielen Aggressionen eine wichtige Rolle im Leben des Hundes. In der Zoologie wird Aggression als affekt- oder triebhaftes Angriffsverhalten definiert.

Wir Menschen sind gehalten, unsere Aggressionen gegenüber Artgenossen zu unterdrücken; aggressive Handlungen sind gesellschaftlich geächtet und mit Sanktionen bedroht. Auf den Hund läßt sich diese Sichtweise nicht anwenden. Im Leben des Hundes nehmen Aggressionen mehrere wichtige Funktionen wahr. Zunächst muß unterschieden werden, gegen wen sich die Aggression richtet. Intraspezifische Aggressionen finden zwischen Tieren gleicher, interspezifische Aggressionen dagegen zwischen Lebewesen unterschiedlicher Art statt. Die interspezifische Aggression dient neben der Verteilung verschiedener Arten über ein größeres Gebiet der besseren Nutzung vorhandener Ressourcen und dem Schutz der eigenen Gemeinschaft (Verteidigung gegen Angreifer oder Eindringlinge in das eigene Revier). Beuteerwerbsaggressionen als Konkurrenzverhalten kann sowohl zwischen Tieren gleicher Art wie auch zwischen zwei unterschiedlichen Arten stattfinden (Nahrungskonkurrenz oder „Futterneid"). Die innerartliche Aggression hilft nicht nur, die Population einer Art über ein möglichst großes Areal zu verteilen, sondern ist auch die Grundlage für die Entwicklung und Erhaltung einer Rangordnung und somit unabdingbar für das Überleben der Gemeinschaft. Auch die Möglichkeit, sich fortzupflanzen, wird über Aggressionen geregelt (sexuelle Selektion). Nur ein aggressives Tier kann sich gegenüber seinen Geschlechtsgenossen durchsetzen und die Paarung vollziehen.

Die Übertragung menschlicher Sichtweisen und Moralvorstellungen auf den Hund durch pauschale Verurteilung aggressiven Verhaltens verhindert das Verständnis art- und rassespezifischer Reaktionen der Caniden. Die meisten Fehleinschätzungen über das Verhalten des Rudeltieres Hund stehen in engem Zusammenhang mit seinen Aggressionen. Das Ziel einer Ausbildung darf daher nicht sein, aggressives Verhalten grundsätzlich zu unterbinden, denn als Folge solcher

Versuche würden Triebstauungen bis hin zu schwersten Verhaltensstörungen auftreten. Die artgerechte Ausbildung bedingt die Gewährung von Freiraum für natürliche Verhaltensweisen; Eingriffe müssen auf die Abwendung von Gefahren für Dritte beschränkt bleiben.

Verjugendlichung

In der Obhut des Menschen wird der Hund der Notwendigkeit enthoben, selbst für sein Überleben Sorge zu tragen. Bei einem Tier in freier Wildbahn nimmt der Nahrungserwerb einen Großteil seiner Zeit und Aktivitäten in Anspruch. Wölfe gehen in der Morgen- und Abenddämmerung auf die Jagd und ruhen den größten Teil des Tages. Ein Haushund benötigt weder die Zeit für die eigentliche Jagd noch für die anschließenden Regenerationsphasen. Der fehlende Kampf und Wettbewerb ums Überleben verhindern die vollständige Entwicklung des Haushundes vom juvenilen zum adulten Tier zeitlebens. In der Wissenschaft ist diese Verjugendlichung als Neotenie bekannt. Vergleichbar einem Jungtier im Rudel wird der Hund von seinem Besitzer ernährt, beschützt und erhält ein Lager zugewiesen. Das triebhafte Kennenlernen der Umwelt durch spielerisches Erkunden, das ein Jungtier in einem bestimmten Lebensabschnitt zeigt, bleibt dem Hund für den größten Teil seines Lebens erhalten. Dies zieht eine positive Wechselwirkung mit den Erwartungen und Bedürfnissen des Menschen nach sich. Genau dieser Spieltrieb ist es, der Mensch und Hund das Tor zu vielen gemeinsamen Aktivitäten öffnet. Auch die Hingabe an ein anderes Lebewesen, obwohl zwischenartlich, ist eine Folge der Verjugendlichung. Die Treue des Hundes liegt zu einem guten Teil in der Tatsache begründet, daß der Mensch die Rolle des erwachsenen, der Hund die des jugendlichen Rudelmitgliedes übernimmt.

Jagd- und Beutetrieb des Hundes

Besondere Bedeutung für die Ausbildung des Hundes kommt seinem Jagd- und Beutetrieb zu. Diese Wesenseigenschaften unserer Vierbeiner sind Fluch und Segen gleichzeitig. Einerseits versucht der Mensch, den Beutetrieb des Hundes zu manipulieren, um den Hund für vielfältige Aufgaben einsetzbar zu machen, andererseits ist es genau dieser Trieb, der den Ausbilder vor Probleme stellt, wenn der Hund sein Jagdverhalten auf unerwünschte Objekte umleitet. Eine Jagd besteht aus mehreren verschiedenen, sachlich zusammenhängenden und chronologisch geordneten Einzelhandlungen. Zunächst begibt sich das Raubtier auf die Jagd, daß heißt, ein innerer Spannungszustand (Hunger) führt zur Bereitschaft des Jägers, einen Beutezug zu beginnen. Beim Rudeljäger Wolf hängt die Aufnahme der Jagd aber nicht nur von den Bedürfnissen des Individuums ab, sondern auch von gruppendynamischen Prozessen innerhalb des Rudels. Ein Wolf, der selbst noch keinen Hunger verspürt, wird sich ohne Zögern der Jagdgemeinschaft anschließen, wenn das Rudel auf Beutezug geht. Vor einer Jagd beginnt der Alpha-Wolf zu heulen. Dadurch sammelt er sein Rudel um sich, und nacheinander fallen die Wölfe in das Geheul ein. So bringen sich die Rudelmitglieder gegenseitig in eine für die Jagd unerläßliche aggressive Stimmung. Anschließend begeben sich die Wölfe auf die Suche nach einem geeigneten Beutetier. Das Verfolgen der Beute, das sich über Stunden oder sogar Tage hinziehen kann, ist ein weiterer Teil der Jagdhandlung. Am Ende stehen die Angriffe auf das Beutetier, das Töten durch Reißen oder Totschütteln sowie der Verzehr der Jagdbeute. Dem Fressen kommt dabei die Bedeutung einer Endhandlung zu, der Hunger als Antrieb zur Jagd wird gestillt und die Jagdbereitschaft schwindet.

Die Domestikation des Hundes hat zu einem Wegfall der Beuteerwerbshandlungen geführt, die genetischen Anlagen dazu sind ihm jedoch erhalten geblieben. Anders als beim Wolf, bei dem alle Teile des Jagdverhaltens sachlich zusammenhängend und in zeitlich richtiger Reihenfolge auftreten, sind bei Hunden einzelne Elemente des Jagdverhaltens teilweise ohne sachlichen Zusammenhang zueinander zu beobachten. Sicherlich haben Sie schon einmal zugesehen, wie ein Hund ein Stöckchen aufnimmt, einige Schritte läuft, und plötzlich mit heftigen Bewegungen des Kopfes den Stock zu schütteln beginnt. Diese Handlung hat ihre Ursache im Jagdverhalten, sie entspricht dem Totschütteln der Beute, ohne daß die vorbereitenden Elemente der Jagd (Aufbruch, Suche, Verfolgung, Angriff) oder die Endhandlung (Fressen) ebenfalls simuliert werden. Das Auftreten einzelner Teile des Jagdverhaltens führt häufig zu Mißverständnissen über die Absichten oder Motive des Hundes. Das Verfolgen und Stellen eines Joggers ist ein gutes Beispiel dafür. Ein sich schnell bewegendes Objekt spricht den Jagdtrieb des Hundes an, da er es mit einem flüchtenden Beutetier assoziiert. Dieser Reiz weckt den Jagdtrieb des Hundes, und er nimmt die Verfolgung der vermeintlichen Beute auf. Der Jogger, der entweder aus Angst vor dem heranpreschenden Hund seinen Schritt beschleunigt oder den von hinten kommenden Vierbeiner überhaupt nicht bemerkt, macht nun ohne eigenes Verschulden Bekanntschaft mit den Zähnen des Hundes. Fälschlicherweise werden Vorfälle dieser Art zumeist dahingehend interpretiert, daß der Hund ohne Provokation einen Menschen angegriffen habe, doch der Augenschein trügt. Der Hund hat keinen Angriff auf den Jogger durchgeführt, um diesen zu verletzen, er hat lediglich versucht, seine „Beute" festzuhalten. In der Regel wird der Jogger glücklicherweise keine ernsthaften Verletzungen erleiden, dennoch werden solche Zwischenfälle von Gerichten als Beißattacke gewertet und können zur Bestrafung des Hundehalters führen. Dieses Beispiel zeigt einerseits die Notwendigkeit des Verständnisses des Hundes vor dem Hintergrund seiner Abstammung vom Raubtier Wolf, andererseits die Notwendigkeit, gegen rudimentäre Elemente des Jagdverhaltens mit ausbilderischen Mitteln vorzugehen.

In vielen Fällen macht sich der Mensch den Beutetrieb des Hundes zunutze, um ihn für Aufgaben auszubilden, die mit den Instinkten und Bedürfnissen eines Caniden zunächst nichts zu tun haben. Im Polizeidienst werden Hunde zum Verfolgen von Fährten eingesetzt, andere sind für das Auffinden von Leichen oder die Suche nach Rauschgift ausgebildet. Immer wieder wird kolportiert, die Diensthundeführer des Zolls und der Polizei würden ihre Hunde rauschgiftsüchtig machen, damit die Hunde motiviert wären, nach dem begehrten Stoff zu suchen. Das ist natürlich Unfug. Kein Hundeführer möchte mit einem psychisch gestörten Junkie an der Leine seinen Dienst versehen. In Wirklichkeit macht man sich den Spiel- und Beutetrieb des Hundes zunutze, wobei sein „Spielzeug" mit dem Geruch des Rauschgiftes „geimpft" wird, ohne daß der Hund mit der Droge selbst in Kontakt kommt. Man benutzt dafür hohlgebohrte Holzstücke, in deren Inneren eine geringe Menge des Rauschgiftes eingelagert wird. Im Einsatz fordert der Hundeführer seinen Hund auf, nach seinem Spielzeug zu suchen. Spielzeug assoziiert der Hund mit dem Geruch der Droge und fördert das Rauschgift auch aus den unglaublichsten Verstecken zutage. Das Vorhandensein eines stark riechenden Parfüms kann seine Nase nicht überlisten, und sogar zwischen Öl und Benzin oder unter einem Berg verdorbener Fische kann der Hund den Geruch des Rauschgiftes problemlos wahrnehmen.

Ausbildungstechnik und Methodik

Der Hund als Partner

Neben der Kenntnis der natürlichen Verhaltensweisen des Hundes entscheiden Techniken und Methodik maßgeblich über Erfolg oder Mißerfolg der Ausbildung. In diesem Kapitel werden alle für die Hundeausbildung notwendigen Techniken vorgestellt und ihre Hintergründe erklärt. Die benötigten, aber auch völlig überflüssige Hilfsmittel werden ausführlich beschrieben, um die Orientierung im unüberschaubaren Zubehörmarkt zu erleichtern. Die folgenden Kapitel mit praktischen Übungen bauen auf den hier besprochenen theoretischen Grundlagen auf. Die Übungen, die in diesem Kapitel als Beispiele angeführt werden, sollen noch nicht als Vorlage zur Ausbildung, sondern nur der Veranschaulichung einer bestimmten Technik dienen. Alle Übungen werden in den folgenden Kapiteln ausführlich erläutert.

Seit Jahrzehnten wird in der Hundeausbildung ein militärischer Ton und ein zackiger Stil gepflegt. Da ist von „Unterordnung", „hartem Wesen" und „korrekter Grundstellung" die Rede, es wird mehr kommandiert als kommuniziert und mehr befohlen als beobachtet. Wo Kadavergehorsam das Ziel und Strenge der Weg ist, bleibt das Lebewesen Hund meist auf der Strecke. Genauso rüde wie der Ton ist mancherorts auch der Ausbildungsstil, der Schritt von der verbalen zur körperlichen Gewalt ist schnell vollzogen. Die Erwartungen, die mit einer Ausbildung verbunden werden, sollen sich an erreichbaren, vernünftigen und praxisbezogenen Zielen orientieren. Der Hund soll nicht unser rechtloser Untergebener oder devoter Diener werden, sondern als respektiertes Rudelmitglied unser Partner, Freund und verläßlicher Gefährte in allen Lebenslagen sein. Einen Hund artgerecht, also unter Berücksichtigung seiner artgemäßen und rassetypischen Bedürfnisse auszubilden, zwingt uns auch, Freiräume zu gewähren. Das selbständige Erkunden der Umwelt soll genauso wenig behindert werden wie die gesunde Wesensentwicklung des Hundes. In unseren Betrachtungen soll der Hund, jeder innigen Beziehung zum Trotz, nicht vermenschlicht werden, denn diese Sichtweise lenkt vom Verständnis seines Verhaltens und seiner Bedürfnisse ab. Die Folge sind Fehleinschätzungen seiner artspezifischen Reaktionen, die unweigerlich zu Mißverständnissen führen. Jeder Hundebesitzer hat die Pflicht, sich über die art- und rassetypischen Eigenschaften, Bedürfnisse und Fähigkeiten seines Hundes zu informieren. Wer dies unterläßt, ist der Tierquälerei näher als er denkt. Idealerweise sollen Hundeführer und Hund ein Team bilden, in dem sich der Mensch unvoreingenommen auf die Bedürfnisse und Kommunikationsmöglichkeiten seines vierbeinigen Partners einstellt. Die Fähigkeit eines Hundes, mit seinem Hundeführer ein funktionierendes Team zu bilden, ist nicht ein Ergebnis seiner genetischen Prädisposition (sprich: Intelligenz), sondern die Kombination aus seinem aktuellen Ausbildungsstand, der Qualität seiner Ausbildung sowie dem Einfühlungsvermögen und der Geduld seines Ausbilders.

Lautzeichen oder Hörzeichen

Um den Hund zu einer gewünschten Verhaltensweise zu veranlassen, werden die Übungen mit einem eindeutigen Lautzeichen eingeleitet. Für alle Standardübungen haben sich im Laufe der Zeit Lautzeichen entwickelt, die sinnvoll und für den Hund gut unterscheidbar sind.

Schon vom ersten Tag der Ausbildung an wird jede Übung mit dem entsprechenden Lautzeichen verknüpft, um den Hund auf die Beachtung der Lautzeichen zu konditionieren. Die Hörzeichen „Sitz!", „Platz!" und „Bleib!" und gelten nicht nur für den Augenblick, sondern bis sie vom Hundeführer durch „Frei!" oder „Fuß!" aufgehoben werden. Es ist von großer Wichtigkeit für den Lernerfolg, daß die Lautzeichen immer deutlich, mit

Sitz!	Der Hund setzt sich und behält Blickkontakt zum Hundeführer.
Platz!	Der Hund legt sich und behält Blickkontakt zum Hundeführer.
Bleib!	Der Hund verharrt, sitzend oder liegend, wenn sich der Hundeführer entfernt.
Fuß!	Der Hund kommt zum Hundeführer und läuft mit geringem Abstand links neben ihm, ohne dabei vorzueilen, nachzuhängen oder stehenzubleiben.
Stop!	Der Hund verharrt und wartet das Eintreffen des Hundeführers oder die Aufhebung des Lautzeichens ab.
Aus!	Der Hund läßt einen aufgenommenen Gegenstand unverzüglich fallen.
Frei!	Hebt die Lautzeichen „Sitz", „Platz", „Bleib" und „Fuß!" auf, der Hund darf sich frei bewegen.
Nein!	Zeigt dem Hund, daß er sich falsch verhalten hat. Das Zeichen wird vor einer Korrektur gegeben.
– Name – Komm!	Der Hund kommt herbei und setzt sich vor dem Hundeführer hin. Alternativ zum Abrufen des Hundes oder als Bekräftigung nach dem Ruf mit dem Namen.
Hopp!	Aufforderung, ins oder aus dem Auto zu springen oder ein Hindernis zu überwinden.

nur leicht erhobener Stimme und in möglichst gleicher Stimmlage gegeben werden. Ein scharfer, militärischer Ton dient dem Erfolg nicht, im Gegenteil, wenn die Lautzeichen stets mit höchstem Nachdruck gegeben werden, hat der Hundehalter in Notsituationen keine stimmlichen Reserven mehr, um die Ablenkung des Hundes zu durchbrechen. Besonders auf Hundeübungsplätzen ist die Unsitte des „Herumschreiens" weit verbreitet. Unter Aufbietung aller stimmlichen Reserven wird der Hund, kaum fünf Meter entfernt stehend und mit einem hochempfindlichen Gehör gesegnet, mit einem donnernden „Pfui ist das!" auf seine Verfehlungen aufmerksam gemacht. Hat der Hundebesitzer seinen Vierbeiner erst einmal an die mit höchstem Nachdruck gegebenen Lautzeichen gewöhnt, muß er alsbald jedes Signal brüllend von sich geben, um seinen Hund zu einer Reaktion zu veranlassen. Jeder hat den Hund, den er verdient!

Die Verständlichkeit der Lautzeichen beruht auf ihrer sprachlichen Prägnanz, daher sollen sie grundsätzlich ohne zusätzliche Bemerkungen gegeben werden. „Mach mal schön sitz..." ist ebensowenig ein prägnantes Lautzeichen wie „Ich habe dir doch gesagt, du sollst liegenbleiben...".

Den meisten Menschen, die mit der Hundeausbildung beginnen, bereitet die korrekte Anwendung der Lautzeichen anfänglich große Probleme. Manchmal wird das Lautzeichen vergessen, zu spät gegeben oder an einer falschen Stelle benutzt. Nehmen wir zum Beispiel das Hörzeichen „Frei!", während der Hund neben seinem Ausbilder sitzt. Wenn der Hundeführer zuerst eine Vorwärtsbewegung macht und dann erst dem Hund das Lautzeichen „Frei!" gibt, verknüpft der Hund die Erlaubnis sich zu entfernen mit der Bewegung seines Hundeführers anstatt mit dem Ertönen des Lautzeichens. In der Folge wird der Hund auch dann aufstehen oder losrennen, wenn sich der Hundeführer zufällig oder unbewußt bewegt. Das Fehlverhalten geht also eindeutig zu Lasten des Ausbilders, nicht zu Lasten des Hundes. Der zweite Kardinalfehler bei der Benutzung von Hörzeichen ist das Sprechen ganzer Sätze, falls ein Lautzeichen nicht sofort befolgt wird: „Ich habe dir doch gesagt, du sollst Platz machen..." ist eine der häufig benutzten Phrasen. Vermeintliche Bekräftigungen wie: „Sitz, zum Donnerwetter!" sind genauso kontraproduktiv. Richtig ist, wenn der Hund ein Lautzeichen nicht spontan befolgt, das Lautzeichen zu wiederholen und dem Hund dabei durch Hilfestellung zu zeigen, welches Verhalten von ihm verlangt wird.

Sichtzeichen

Ein Sichtzeichen ist ein Körpersignal, zum Beispiel ein in Brusthöhe erhobener Zeigefinger, das die gleiche Bedeutung haben kann wie ein Lautzeichen. Genau wie über Lautzeichen läßt sich der Hund auch über Sichtzeichen zu eingeübten Verhaltensweisen veranlassen. Beide Formen werden als „Auslöser" bezeichnet, da sie adaptiertes Verhalten auslösen. Einige

Ausbilder geben Sichtzeichen sogar den Vorzug gegenüber Lautzeichen und begründen dies mit der natürlichen Neigung der Caniden, auf Körpersignale zu reagieren. Dieser Denkansatz ist grundsätzlich richtig, in der Praxis sind Sichtzeichen jedoch nur bedingt einsetzbar. Bei Dunkelheit, Nebel oder im dichten Schneegestöber ist ein Sichtzeichen vom Hund schon aus kurzer Distanz nicht mehr wahrzunehmen. Völlig nutzlos werden Sichtzeichen, wenn der Hund durch ein Unterholz streift oder die Sichtverbindung aus einem anderen Grund abgerissen ist. Gelegentlich ergeben sich Situationen, in denen die Konditionierung des Hundes auf Sichtzeichen wünschenswert ist, denn man wird in die Lage versetzt, ein Signal „geräuschlos" an den Hund zu übermitteln. Ein Mittelweg, der sowohl Laut- wie auch Sichtzeichen in die Ausbildung einbezieht, hat sich als sinnvoll und praktikabel erwiesen: Die Lautzeichen „Sitz!", „Platz!" und „Bleib!" werden mit einem Sichtzeichen kombiniert, so daß der Hund nach einiger Zeit auf beide Varianten, auch wenn sie einzeln benutzt werden, richtig reagiert.

Aufbau von Ritualen

Eine Übung mit klar definiertem Beginn, Ablauf und Ende bezeichne ich als Ritual. Dabei spielt es keine Rolle, aus wie vielen einzelnen Komponenten die Übung zusammengesetzt ist. Hunde lieben Rituale, denn der chronologische Ablauf einer Handlungskette ermöglicht ihnen, ein Geschehen nicht nur zu verstehen, sondern auch aktiv daran teilzunehmen. Nach einigen Wiederholungen ist dem Hund der Ablauf einer Ereignis- und Handlungskette bekannt, und da für ihn am Ende eine Belohnung winkt, wird das gesamte Ritual von ihm mit der Belohnung verknüpft.

Anhand eines typischen Rituals lassen sich die Vorteile dieser Methode aufzeigen: Ein Hundeführer geht mit seinem abgeleinten Hund eine Straße entlang und nähert sich einer Bordsteinkante. Der Hund kann sich in diesem Moment in einer beliebigen Position zum Hundeführer in einigen Metern Entfernung befinden. Der Hundeführer bleibt an der Bordsteinkante stehen, und ohne einen Lockruf setzt sich der Hund mit Körperkontakt an die linke Seite seines Besitzers. Wenn es die Verkehrslage zuläßt, gibt der Hundeführer das Lautzeichen „Fuß!" und überquert mit dem Hund die Straße. Auf der anderen Seite bleibt der Hundeführer erneut stehen, und wieder setzt sich der Hund ohne Lautzeichen neben ihm hin. Der Hund wird gelobt und erhält ein Leckerchen. Dieser gesamte Ablauf ist ein Ritual. Es beinhaltet mehrere Übungsteile, die aber nicht mehr einzeln mitgeteilt werden müssen, da der Hund mit dem Ablauf des Rituals vertraut ist. In diesem Fall entfällt auf beiden Straßenseiten das Hörzeichen „Sitz!". Auslöser für dieses Ritual ist wiederum kein Lautzeichen, sondern das Stehenbleiben des Hundeführers an einer Bordsteinkante. Das Sitzen des Hundes nach der Überquerung der Straße ist natürlich mehr als nur eine Gehorsamsübung. Es hilft zu verhindern, daß der Hund die Übung mit dem Betreten der Fahrbahn als beendet ansieht und über die Straße rennt, weil irgend etwas auf der anderen Seite seine Aufmerksamkeit erregt hat. Bei den in Großstädten häufig anzutreffenden vierspurigen Schnellstraßen, deren Fahrbahnen durch einen Mittelstreifen getrennt sind, wäre die Gefahr groß, daß der Hund auf der gegenüberliegenden Fahrbahn von einem Auto erfaßt werden könnte. Auch die Radwege, die häufig durch parkende Fahrzeuge für den Hundeführer nicht einsehbar sind, bergen die Gefahr eines Unfalls, wenn der Hund die Straße nicht „bei Fuß" überquert.

Ein Ritual ist durch seinen unveränderlichen Ablauf gekennzeichnet. Würde der Hundeführer im vorliegenden Beispiel losgehen, ohne das Lautzeichen „Fuß!" zu geben, soll der Hund an der Bordsteinkante sitzenbleiben. Die Bedingungen für den Ablauf eines eingeübten Rituals wären nicht erfüllt, und folgerichtig bleibt der Hund sitzen, da ihm nichts anderes gesagt wurde. In der Praxis ist das Sitzenbleiben des Hundes ohne großen Mehraufwand erreichbar, wenn die Ausbildungskonzeption darauf ausgerichtet ist, daß die Lautzeichen „Sitz!", „Platz!", „Steh!" und „Bleib!" nur durch die Lautzeichen „Frei!" oder „Fuß!" aufgehoben

Sitzen vor und hinter einer Straße dient der Sicherheit ...

... des Hundes und anderer Verkehrsteilnehmer.

werden können. Dem Hörzeichen „Bleib!" kommt in dieser Konzeption nur noch eine bekräftigende Wirkung zu, zum Beispiel, wenn der Hund in einer ihm unbekannten Situation darauf vorbereitet werden soll, daß sich der Hundeführer gleich entfernen wird und er weiter Platz halten soll. Wichtig für das erfolgreiche Training eines Rituals ist, den Hund erst nach Abschluß der gesamten Sequenz zu belohnen und zu loben.

Einwirkungen und Korrekturen

Eine Einwirkung auf den Hund soll immer dann stattfinden, wenn er sich nicht dem gegebenen Lautzeichen entsprechend verhält. Die Einwirkung kann durch ein Lautzeichen, eine manuelle Korrektur oder als Kombination beider Möglichkeiten vorgenommen werden. Bestens bewährt hat sich das nachdrücklich gegebene Hörzeichen „Nein!". Direkt nach Gabe des Lautzeichens „Nein!" soll die manuelle Korrektur des Hundes erfolgen. Ein Beispiel für eine typische Korrektursituation wäre die Mißachtung des Lautzeichens „Sitz!". Anstatt sich eng neben den Hundeführer zu setzen, steht der Hund schräg vor ihm und sieht einem anderen Hund hinterher. Ungefähr drei Sekunden nach dem Lautzeichen „Sitz!" gibt der Hundeführer in etwas schärferem Ton das Lautzeichen „Nein!". Anschließend beugt sich der Ausbilder zu seinem Hund hinunter und bringt ihn durch Zug an der Leine und leichten Druck auf die Kruppe zum Sitzen, wobei das Lautzeichen „Sitz!" in normaler Stimmlage wiederholt wird. Sowie sich der Hund gesetzt hat, wird er gelobt. Dieses Lob löst die Spannung, die durch Einwirkung und Korrektur entstanden ist und zeigt dem Hund, welches Verhalten auf das Lautzeichen „Sitz!" von ihm erwartet wird. Der Hund hat, mit Unterstützung des Hundeführers, die Übung bewältigt, und der Ablauf wird sich nach einigen Wiederholungen in seinem Gedächtnis festsetzen. Genau wie das Lob auf erwünschtes Verhalten wird auch der Eindruck des Tadels in seinem Gedächtnis haften bleiben; der Hund wird mehr und mehr bestrebt sein, den Tadel zu vermeiden. Grundsätzlich sollte jeder manuellen Korrektur das Lautzeichen „Nein!" vorangehen. Der Aufbau dieses „Nein!" zu einem universellen Hörzeichen für Fehlverhalten des Hundes hat den Vorteil, daß der Hund schon bald beginnt, nur auf dieses Lautzeichen hin unerwünschtes Verhalten zu unterlassen, so daß der Hundeführer oft keine manuelle Korrektur mehr vornehmen muß. Später, wenn der Hund nicht mehr bei allen Übungen angeleint ist, benötigen wir diese Reaktion des Hundes auf das Lautzeichen „Nein!", da wir mitunter einige Schritte entfernt stehen werden und nicht unmittelbar manuell auf den Hund einwirken können.

Der Ablauf einer Korrektur wie in der vorliegenden Situation ist ein gutes Beispiel für eine Interaktion zwischen Hund und Hundeführer. Ein zunächst falsches Verhalten des Hundes (stehenbleiben) ruft eine Reaktion des Hundeführers hervor (Lautzeichen „Nein!"), auf die seinerseits

Ausbildungstechnik und Methodik

Der Hund ist abgelenkt und sitzt falsch...

Sofort wird das Lautzeichen „Nein!" gegeben und der Hund manuell korrigiert.

Der Hund wird in die korrekte Position gebracht ...

... und gelobt, wenn er richtig sitzt!

Einwirkungen und Korrekturen

der Hund reagiert (er setzt sich), und löst damit durch das erwünschte Verhalten erneut eine Reaktion des Hundeführers aus (Lob). Diese kausalen Zusammenhänge werden von Hunden sehr schnell verstanden, solange der Tadel dem Fehlverhalten und das Lob dem erwünschten Verhalten unmittelbar folgen. Ungünstig ist, wenn zwischen Fehlverhalten und Tadel eine Zeitspanne von mehr als drei Sekunden liegt. In dieser Zeit hat der Hund unter Umständen seine Aufmerksamkeit schon einem anderen Reiz gewidmet und bringt den Tadel nicht mehr mit seinem Fehlverhalten in Verbindung. Läuft der Hund also über eine Straße, weil er auf der anderen Seite einen Artgenossen begrüßen will, können wir nur eingreifen, solange sich der Hund noch auf der Straße befindet. Ist er bereits dabei, den anderen Hund zu beschnuppern, hat er die Überquerung der Straße längst vergessen. Der Tadel des Hundehalters, wie heftig er auch immer sein mag, verfehlt seine Wirkung. Verzichten Sie grundsätzlich darauf, Ihren Hund zu tadeln oder gar zu bestrafen, falls „die Tat" bereits abgeschlossen ist und der Hund auf einen neuen Reiz reagiert hat. Caniden untereinander reagieren auf Sicht- und Lautzeichen unverzüglich und unmittelbar. Aus der verspäteten Reaktion eines Menschen die richtigen Schlüsse zu ziehen, ist einem Hund, auch bei ausgeprägtem Lernwillen, nicht möglich. Falsche Korrekturen des Ausbilders führen deshalb zu einer Verunsicherung des Hundes und in logischer Konsequenz zu einem Absinken der Leistungen. Unerwünschtes Verhalten des Hundes läßt sich daher nur mit einer sofortigen Korrektur abstellen.

Die sehr wirkungsvolle Methode der unmittelbaren Einwirkung hat aber den Nachteil, daß man den Hund stets inflagranti bei seinem Fehlverhalten ertappen muß. Mitunter ist es nötig, ein unerwünschtes Verhalten des Hundes zu ignorieren, da man nicht in jeder Situation unmittelbar einwirken bzw. korrigieren kann. Ein Fehlverhalten des Hundes zu ignorieren, ist natürlich nicht der Sinn einer Ausbildung, aber der Schaden, der durch eine falsche oder zu späte Korrektur entstehen kann, läßt uns in diesem Fall das kleinere Übel wählen. Am nächsten Tag, in einer vergleichbaren Situation, wird der Hundehalter auf das Fehlverhalten vorbereitet sein und kann die fällige Korrektur ohne Zeitverzögerung anbringen. Daß sich falsches Verhalten des Hundeführers als Reaktion auf einen Fehler seines Hundes äußerst negativ auswirken kann, läßt sich an folgendem Beispiel ablesen, das jeder Hundehalter schon einmal miterlebt hat: Ein Hund läuft über die Straße, um einen anderen Hund zu begrüßen. Der Hundeführer ruft ihn zurück, und der Hund kommt. Mit den Worten: „Ich habe dir doch schon tausendmal gesagt, du sollst nicht über die Straße rennen", wird dem Hund eins mit der Leine übergezogen.

Welcher Eindruck ist nun bei dem Hund entstanden?

„Wenn ich einen anderen Hund begrüße, mein Rudelführer mich ruft und ich zu ihm gehe, kriege ich Prügel", ist die logische Schlußfolgerung, die der Hund aus dem Ablauf der Ereignisse zieht. Das Überqueren der Straße hat der Hund, falls es ihm überhaupt bewußt war, durch die Begegnung mit einem Artgenossen längst vergessen. Die Konsequenz wird sein, daß der Hund in Zukunft dem Ruf seines Besitzers nicht nur nicht mehr folgt, sondern ihm sogar ausweicht, um die erwarteten Schläge zu vermeiden. Der Hundebesitzer wird zukünftig jedem erzählen, er habe sich bei der Ausbildung seines Hundes alle Mühe dieser Welt gegeben, aber bei der „blöden Töle" seien Hopfen und Malz verloren. Leider sind „Fehlschläge" dieser Art an der Tagesordnung.

Ist zu Beginn der Ausbildung der Hund noch stets angeleint, ist die unmittelbare Einwirkung zeitlich und räumlich kein Problem. Mit dem Fortschreiten der Ausbildung nehmen die Übungen zu, bei denen der Hund abgeleint ist, und wir benötigen eine Möglichkeit der Einwirkung aus der Entfernung. Ein Hund merkt sehr schnell, daß die Einwirkungsmöglichkeit seines Hundeführers, zum Beispiel durch einen Ruck an der Leine, auf einen Radius von rund zwei Metern beschränkt ist. Lassen wir den Hund in diesem Glauben, bestünde die Gefahr, daß er unseren Lautzeichen nicht folgt, wenn er sich außerhalb des Leinenradius befindet. Eine Möglichkeit, den Einwirkungsbereich zu vergrößern, ist die Benutzung einer Langleine (Fährtenleine), die es in verschiedenen Längen zwischen zehn und vierzig Metern zu kaufen gibt. Im Übungsteil werden einige Übungen mit der Fährtenleine erläutert. Da die Handhabung dieser extrem langen Leinen aber sehr umständlich ist, werden wir die Benutzung auf ein Mindestmaß einschränken.

Ein anderes sehr effektives Mittel, auf den frei laufenden Hund einzuwirken, ist ein Wurfgeschoß in Form einer Wurfkette. Dieses neben dem Hund auftreffende, rasselnde und klappernde Objekt läßt ihn erschrecken und von seinem Tun Abstand nehmen. Die Wurfkette kann immer dann eingesetzt werden, wenn der Hund ein Lautzeichen mißachtet oder ein Tabu bricht. Je unverhoffter die Wurfkette eingesetzt wird, desto größer ist der Erfolg. Sieht der Hund hingegen die Wurfbewegung des Hundeführers, weicht er dem heranfliegenden Wurfgeschoß behende aus und ein Teil der Wirkung verpufft nutzlos. Der Einsatz dieses Erziehungsmittels setzt auf eine Vermeidungsreaktion des Hundes. Er lernt, daß ihm etwas unangenehmes widerfährt, wenn er den Lautzeichen seines Hundeführers keine Beachtung schenkt.

Eine Wurfkette läßt sich leicht aus einem normalen Gliederhalsband und einem Schlüsselring oder einem Karabinerhaken herstellen. Der Erfolg des Wurfgeschosses ist natürlich von der Genauigkeit abhängig, mit der ein Ausbilder den Wurf plazieren kann, aber selbst in zwei Metern Entfernung ist die Wirkung noch sehr hoch. Nach einiger Zeit wird bei vielen Hunden das Werfen der Wurfkette völlig überflüssig – ein kurzes Klappern mit dem Wurfgeschoß reicht bereits aus, um den Hund auf ein Lautzeichen ohne weitere Verzögerung reagieren zu lassen.

Motivation durch Lob

Nicht nur die Einwirkung auf den Hund nach einem Fehlverhalten soll eindeutig und ohne zeitlichen Verzug stattfinden, auch die Belobigung für richtiges Verhalten muß sich unmittelbar an die Ausführung eines Hörzeichens anschließen. Der Hund verknüpft dabei das Lob mit der zuletzt durchgeführten Aktion. Viele Hundebesitzer loben den Hund mit einem leisen „Brav" oder einem verschämten „Fein gemacht" in der Hoffnung, die Umstehenden werden nicht gewahr, daß man als erwachsener Mensch mit seinem Tier spricht. Scham ist hier fehl am Platze, was andere denken, soll uns in diesem Fall nicht interessieren. Ist der Hund erst einmal fertig ausgebildet, werden dem Ausbilder die neidischen Blicke der Leute folgen, die sich einst über seine Zwiesprache mit dem Hund belustigt haben! Vor allem in der ersten Phase der Ausbildung ist überschwengliches Lob gefordert, wenn der Hund eine Übung richtig absolviert. Je deutlicher das Lob ausfällt, desto positiver ist der Eindruck, den der Hund mit der Übung und seinem eigenen Verhalten verbindet. Das Lob darf ruhig ein wenig überzeichnet sein: „Brav Sitz, braver Hund, brav". Dabei soll ruhig und mit weicher Stimmlage gesprochen werden, denn mehr noch als Worte wirkt der Klang der Stimme auf den Hund. Der Hund wird seine Freude über das erteilte Lob deutlich zeigen und er wird motiviert, nach weiteren Belobigungen zu streben. Also: Loben, loben und nochmals loben!

Ein anderes Mittel, dem Hund zu zeigen, daß sein Verhalten erwünscht ist, kann durch die Gabe eines Leckerchens unmittelbar nach einer korrekt durchgeführten Übung erreicht werden. Wenn der Hundehalter das Lautzeichen „Sitz!" gegeben hat und sich der Hund sofort hinsetzt, sollte das Leckerchen optimalerweise in dem Moment angeboten werden, wenn sein Hinterteil den Boden berührt. So wird der Vorgang des Hinsetzens für den Hund eine positive Erfahrung, und er wird sich im Laufe des Trainings immer williger hinsetzen, um sich seine Belohnung abzuholen. Die Vorfreude auf ein Leckerchen bewirkt, daß sich der Hund regelrecht auf die Übungen freut und mit Eifer zur Sache geht. Selbstverständlich wird dem Hund die Futtermenge, die während des Trainings verabreicht wurde, von seiner Tagesration wieder abgezogen – aber glücklicherweise kann er das ja nicht wissen ...

Zu dieser Methode habe ich kürzlich in einem Buch folgenden gutgemeinten Ratschlag gelesen:

„Geben Sie dem Hund keine Belohnung in Form von Futter für die Befolgung eines Befehls, es sei denn, Sie möchten einen Hund, der nur dann gehorcht, wenn er Hunger verspürt".

Der Autor beweist mit dieser Aussage nicht gerade profunde Kenntnis der Hundepsyche. Ein Leckerchen, fernab des heimischen Napfes, ist ein Reiz, dem sich selbst ein gesättigter Hund kaum entziehen kann. Die Befürchtung, der Hund würde seinen Gehorsam am Füllgrad seines Magens ausrichten und ein leicht erreichbares Leckerchen zurückweisen, ist unbegründet. Im Gegenteil, neben der Wurfkette ist die Futtergabe das einzige Ausbildungsmittel, das im Laufe der Zeit nicht an Wirkung verliert. Jeden Tag aufs Neue ist der Hund gierig auf kleine, schmackhafte Belohnungen. Es versteht sich von selbst, daß wir den Hund weder direkt im Anschluß an die Fütterung trainieren, noch lassen wir ihn hungern, um sein Verlangen nach etwas zusätzlichem Futter zu steigern.

Ein beliebiges Trockenfutter kann sich der Ausbilder als Leckerei aufbauen. Es soll sich dabei um ein reguläres Hundefutter und nicht um Wurst oder gar Schokolade handeln. Dieses Futter wird niemals aus dem Napf oder in großer Menge angeboten, sondern es wird dem Hund ausschließlich als Belohnung gegeben. Das Verabreichen eines Stückchens Trockenfutter darf aber keinesfalls das verbale Lob ersetzen. Später, wenn der Hund einen guten Ausbildungsstand erreicht hat, kann die Futtergabe jederzeit wieder reduziert werden, ohne daß zu befürchten wäre, der Hund würde bereits Erlerntes wieder vergessen.

Konsequenz ist das Geheimnis des Erfolges

Das Geheimnis einer erfolgreichen Ausbildung sind eine ruhige, entspannte Übungsatmosphäre und die Konsequenz, mit der die Übungen durchgeführt werden. Ist im Zusammenhang mit der Hundeausbildung von Konsequenz die Rede, soll damit nicht Strenge oder Schärfe gemeint sein. Konsequentes Verhalten des Hundeführers bezieht sich auf die Gleichbehandlung des Hundes in allen Trainingseinheiten und auf allen Spaziergängen. Der Hund soll auf sein Verhalten hin für ihn möglichst vorhersehbare Reaktionen erhalten. In der Praxis bedeutet dies, daß der Hund immer gelobt wird, wenn er die Übung in unserem Sinne absolviert, und daß er immer in der gleichen Weise korrigiert wird, wenn er ein Lautzeichen nicht oder nicht spontan genug befolgt. Ein Ausbilder unterliegt natürlich Stimmungen, er hat gute und schlechte Tage, und manchmal ist der Geduldsfaden kürzer als es normalerweise der Fall ist. Caniden reagieren jedoch mit festgelegten Verhaltensmustern und können stimmungsbedingte Schwankungen nicht interpretieren. Daher soll der Ausbilder, wenn er selbst unter Streß steht, das Training für diesen Tag beenden. Der Hund kann durch wechselhaftes Verhalten des Hundeführers verunsichert werden, und der Erfolg der Ausbildung gerät unnötigerweise in Gefahr.

Der Ausbilder soll seinem Hund nie ein Verhalten durchgehen lassen, das er nicht auch am folgenden Tage hinzunehmen bereit wäre. Niemals wird der Hund aus einer Stimmung oder Laune heraus korrigiert! Viel erfolgversprechender als lange Trainingszeiten oder eine hohe Anzahl von Übungen ist die konsequente Behandlung des Hundes unter verschiedenen Übungsbedingungen. Die Ausbildung eines Hundes findet, hat sie erst einmal begonnen, 24 Stunden am Tag, sieben Tage die Woche und nicht am Sonntagvormittag zwischen zehn und halb elf statt. Wenn ein Verhalten des Hundes, das durch Übungen verändert werden soll, von Montag bis Freitag hingenommen wird, kann dieses Verhalten am Wochenende nicht erfolgreich beeinflußt werden, denn spätestens am folgenden Montag fällt der Hund wieder in seine alten Unarten zurück. Soll sich der Hund vor der Überquerung einer Straße setzen, muß der Ausbilder dies auch fordern, wenn er selbst unter Zeitdruck steht, es wie aus Gießkannen regnet oder er schwere Taschen zu tragen hat. Es darf keine, absolut keine Ausnahme von der Regel geben. Hunde sind sehr geschickt, die Schwächen eines Ausbilders aufzuspüren und bloßzulegen. Die daraus entstehende Gefahr ist, daß sich der Hund zunächst nur in der Situation falsch benimmt, in der er nicht fürchten muß, korrigiert zu werden. Später wird er dieses unerwünschte Verhalten auch in anderen Situationen ausprobieren und ständig testen, wie weit er gehen kann, ohne daß eine Korrektur erfolgt.

Die Korrektur eines durch einen Ausbildungsfehler entstandenen Fehlverhaltens dauert erheblich länger, als eine neue Übung zu vermitteln. Deshalb ist die korrekte Durchführung der Übungen an jedem Übungstag von entscheidender Wichtigkeit. Die meisten abgebrochenen Ausbildungen sind gescheitert, weil die Übungen inkonsequent durchgeführt oder Korrekturen nach Lust und Laune gegeben wurden.

Ein weiterer, sehr wichtiger Punkt ist, daß nur der Ausbilder eine Übung beginnen und beenden darf. Niemals darf der Hund von sich aus eine Übung abbrechen, beispielsweise um einen anderen Hund zu begrüßen oder zu spielen. Ein typischer Fehler wäre, beim Erscheinen eines fremden Hundes nicht darauf zu achten, daß der Hund liegenbleibt, wenn das Lautzeichen „Platz!" noch nicht durch „Frei!" aufgehoben wurde. Steht der Hund nun auf, um den Neuankömmling zu begrüßen, hätte der Hund das Lautzeichen selbst außer Kraft gesetzt. Sollte ihm dies nur wenige Male gestattet werden, wird er immer häufiger Übungen nach eigenem Gutdünken abbrechen. Daher darf das Ende einer Übung niemals vom Hund bestimmt werden!

Geduld und Streßvermeidung

Neben der Konsequenz bei der Durchführung der Übungen ist die Geduld, die ein Ausbilder an den Tag legt, entscheidend für das Gelingen der Ausbildung. Im Gegensatz zu der logischen Verknüpfung einzelner Elemente zu einer Handlungskette, mit der wir Menschen uns Abläufe plausibel machen, muß der Hund für ihn zunächst völlig unzusammenhängende Ereignisse verknüpfen lernen (Lautzeichen und erwünschte Handlung).

Die Verknüpfung nicht in direkter und logischer Beziehung stehender Ereignisse stellt auch uns Menschen vor Probleme und kann nur durch wiederholte Einübung erlernt werden. Aus dem Vorhandensein eines logischen Bezuges erklärt sich das Verstehen des Hundes, daß dem Geräusch seiner klappernden Futterschüssel die Futtergabe zeitlich unmittelbar folgt. Für das Erlernen eines bestimmten Verhaltens als Reaktion auf ein Hörzeichen benötigt er erheblich mehr Zeit, da der sachliche Bezug zunächst nicht existiert. Dieser Lernzeit muß der Ausbilder mit Geduld und Verständnis begegnen – sie ist völlig normal. Für das Erlernen einer einfachen Übung, zum Beispiel „Sitz" oder „Platz", muß man bei täglicher Wiederholung mit einer Lernphase von ungefähr drei Wochen rechnen. Nach dieser Übungszeit wird das gewünschte Verhalten des Hundes aber keinesfalls schon immer erreicht, vielmehr hängt das Ergebnis noch von äußeren Reizen und den Umgebungsbedingungen ab, unter denen die Übung stattfindet. Die Reiz-Reaktions-Beziehung ist noch neu für den Hund und hat sich noch nicht so verfestigt, daß sie auch unter Ablenkung als Verhaltensmuster zur Verfügung steht. Folglich muß sich nun eine Übungsphase anschließen, die darauf abzielen soll, das Erlernte zu vertiefen, indem die Übung unter wechselnden Ablenkungen und in verschiedenen Situationen wiederholt wird. Für die Übung „Sitz!" beispielsweise bedeutet dies, daß wir zunächst nur dann mit dem Hund üben, wenn keine Ablenkung, etwa durch die Nähe eines fremden Hundes, vorhanden ist. Gut geeignet dafür ist eine ruhige, verkehrsarme Seitenstraße mit geringem Passantenverkehr. Nach zwei bis drei Wochen wird sich ein spürbarer Lernerfolg einstellen, und der Hund reagiert immer öfter und spontaner in der gewünschten Weise.

Zu dieser Zeit können wir beginnen, den Hund gezielt in Situationen, in denen er sich entfernen oder stehenbleiben möchte, zum Sitzen zu veranlassen. Zunächst kann die Zuverlässigkeit des Hundes, auf das Lautzeichen zu reagieren, abnehmen. Der Hund benötigt einige Zeit, um die Übung bei Vorhandensein starker Reize mit der gleichen Spontaneität und Zuverlässigkeit auszuführen wie in der ruhigen Seitenstraße. Das Sitzen in ruhiger Umgebung und das Sitzen unter hoher Ablenkung sind zwei verschiedene Übungen, die nacheinander trainiert werden müssen.

Unerfahrene Ausbilder machen mitunter den Fehler, den vermeintlichen Rückschritt des Hundes durch eine Erhöhung des Drucks oder eine Verschärfung des Ausbildungsklimas kompensieren zu wollen und setzen damit eine verhängnisvolle Wechselwirkung in Gang. Durch den erhöhten Streß wird der Hund verunsichert und seine Leistungen fallen ab, worauf der Ausbilder den Druck weiter erhöht. Diese Spirale führt schließlich zu einer Lernhemmung des Hundes und zu tiefer Frustration bei seinem Besitzer. Mißverständnisse dieser Art führen nicht selten zum Abbruch der Ausbildung und zu einer völlig falschen Einschätzung des Besitzers bezüglich der Lernfähigkeit seines Hundes. Besser ist es, sich von vornherein über den möglichen Rückschritt im klaren zu sein und mit Gelassenheit und Konsequenz die Übung in freundlichem Klima fortzusetzen. Schon bald wird sich auch unter den erschwerten Bedingungen der Erfolg nachhaltig einstellen.

Gestaltung der Übungen

Die Übungsgestaltung leistet einen wichtigen Beitrag zum Gelingen der Ausbildung. Ungünstige Bedingungen erschweren dem Hund das Lernen und kosten allen Beteiligten Zeit und Nerven. Für die ersten Übungen mit dem jungen Hund, der noch sehr verspielt und daher leicht ablenkbar ist, wählt man am besten einen Platz, der weder von vielen Hundebesitzern aufgesucht wird noch eine hohe Geräuschkulisse hat.

Je weniger Ablenkungen der Hund am Anfang der Ausbildung ausgesetzt wird, desto besser kann er sich auf das Training konzentrieren, und der angestrebte Erfolg wird nicht lange auf sich warten lassen. In fortgeschrittenen Stadien der Ausbildung kann es dagegen durchaus sinnvoll sein, die Übungen in ein Gebiet mit einer größeren Anzahl auf den Hund einwirkender Reize zu verlegen. Am Ende der Ausbildung soll der Hund alle Übungselemente auch in Anwesenheit anderer Hunde, in Gegenden mit starkem Passantenverkehr oder hohem Verkehrsaufkommen unbeeindruckt durchführen. Für die allmähliche Steigerung der Umweltreize im Laufe der Ausbildung läßt sich kein Zeitplan vorgeben, Hunde reagieren auf diese Einflüsse individuell sehr verschieden. Ein Hund, der mit der Geräuschkulisse einer Großstadt aufgewachsen ist, wird auch in den Übungen auf Verkehrsgeräusche kaum reagieren. Ein in der Abgeschiedenheit eines entlegenen Bauernhofes herangewachsener Hund benötigt auf jeden Fall eine gewisse Zeit, bis er sich an die neuen Umweltgeräusche gewöhnt hat.

Bevor man mit einer Übung beginnt, sollte der Hund ausreichend Gelegenheit erhalten, die für ihn neue Umgebung in Ruhe kennenzulernen. In seinem Bestreben, die Welt zu erforschen, wäre er sonst kaum in der Lage, sich auf eine Übung zu konzentrieren. Vor dem Beginn einer Übungseinheit soll der Hund nicht nur sein „Geschäft" verrichtet haben, sondern auch ausreichend bewegt worden sein. Ein halbstündiger Spaziergang oder etwas Ballspielen hilft, seinen Bewegungsdrang zu befriedigen. Es erleichtert die Arbeit, wenn zwischen den einzelnen Übungen die Atmosphäre ab und zu mit einer Spielpause aufgelockert wird. Das Spielen kann auch als Belohnung für richtig durchgeführte Übungen eingesetzt werden. Ein Ball, ein Stück Seil oder eine Beißstange sollten daher bei keiner Übungseinheit fehlen. Ist gerade kein Hundespielzeug zur Hand, tut es auch ein am Wegrand liegendes Stöckchen. Während der Übungen muß stets eine entspannte Atmosphäre aufrecht erhalten werden. Jeder Spannung, die durch eine Übung erzeugt wird, soll nach Beendigung eine Entspannung folgen, damit der Hund mit der Verarbeitung der vielen neuen Eindrücke nicht überfordert wird. Auch aus diesem Grund sind häufige Spielpausen unerläßlich. Selbst wenn der Hund eine Übung zunächst nicht versteht oder anfänglich noch nicht richtig absolviert, muß der

Ausbilder stets geduldig bleiben und das Übungsklima nicht verschärfen. Je höher der Leistungsdruck wird, desto schwerer fällt dem Hund das Lernen. Das optimale Ausbildungsklima läßt sich am besten mit dem Begriff „freundliche Strenge" bezeichnen.

Guten Lernerfolg kann man mit kurzen, kreativ gestalteten Übungen erzielen. Hunde im allgemeinen und junge Hunde im besonderen können sich nicht über einen längeren Zeitraum konzentrieren. Das Prinzip „viel hilft viel" trifft für die Hundeausbildung nicht zu. Die Gesamtübungsdauer einer Trainingseinheit für einen erwachsenen Hund sollte, inklusive ausgiebiger Spielpausen, niemals 60 Minuten übersteigen. Besser sind zwei, auf Vor- und Nachmittag verteilte etwa 30minütige Übungseinheiten. Ein Anhaltspunkt für die Übungslänge, einschließlich kurzer Spielpausen zur Auflockerung – in Relation zum Alter des Hundes – gibt folgende Übersicht:

- Hunde
  unter 4 Monaten: 7 Minuten
- Hunde
  bis 6 Monate: 15 Minuten
- Hunde
  bis 12 Monate: 30 Minuten
- Hunde
  über 12 Monate: 60 Minuten

Neben den festgesetzten Trainingszeiten können auf jedem Spaziergang einige kurze Übungen eingebaut werden. Während man eine Straße entlang geht, ruft man den Hund zu sich und geht mit ihm eine kurze Strecke (ca. 20 Meter) bei Fuß. Ebenso unaufdringlich lassen sich „Sitz!" und „Platz!" in den täglichen Auslauf des Hundes einbauen. Gerade diese in den normalen Tagesablauf integrierten Kurzübungen bringen einen besseren Lernerfolg als stundenlange Schinderei auf dem Exerzierplatz.

Einbeziehung der Familienmitglieder

Eine Klippe, die es in der Hundeausbildung zu umschiffen gilt, ist mit der gleichzeitigen Ausbildung des Hundes durch mehrere Familienmitglieder verbunden. Natürlich soll die ganze Familie an den Fortschritten des Hundes Anteil nehmen, aber wenn die Ausbildung von mehreren Personen durchgeführt werden soll, muß die konsequente, also möglichst immer gleiche Behandlung des Hundes gewährleistet sein.

Ein gemeinsam erarbeitetes Konzept kann helfen, einer Verunsicherung des Hundes vorzubeugen und das damit verbundene Ausbleiben des Erfolges zu verhindern. Neben einer Sprachregelung für die Lautzeichen und der Abstimmung eventueller Korrekturmaßnahmen müssen vor allem die Übungsinhalte zwischen den ausbildenden Personen koordiniert werden. Auch Kinder sollten von Anfang an in die Ausbildung des Familienhundes einbezogen werden; letztlich werden sie es sein, die einen großen Teil ihrer Zeit mit dem Hund verbringen.

Einbeziehung der Familienmitglieder

Ob, oder ab welchem Alter ein Kind unbeaufsichtigt Übungen mit dem Hund durchführen darf, läßt sich nicht pauschal beantworten. Im wesentlichen hängt die Entscheidung dieser Frage von der Reife und dem Einfühlungsvermögen ab, die das Kind dem Hund entgegenbringt. Ein Kind, das selber noch sehr sprunghaft ist oder zur Ungeduld neigt, sollte ausschließlich unter Aufsicht der Eltern mit dem Hund trainieren dürfen. Viele Kinder haben zunächst Schwierigkeiten, die Unterschiede zwischen einem ihrer geliebten Stofftiere und dem Lebewesen Hund zu verstehen. Die Erwartungshaltung, in dem jungen Hund einen willenlosen Freund zum Schmusen und Kuscheln zu finden, wird im Alltag natürlich nicht erfüllt, denn schon bald beginnt der Hund, seinen eigenen Willen zu entwickeln. Versucht das Kind nun permanent, dem heranwachsenden Hund seinen Willen aufzuzwingen, kann es unversehens zu einer Konfrontation kommen, an deren Ende nicht selten die Abschaffung des Hundes steht. Die Erklärung, daß der Hund als selbständiges Lebewesen auch seinen natürlichen Interessen und Verhaltensweisen nachgehen muß, kann das Verständnis des Kindes für die Bedürfnisse eines Caniden wecken und hilft ihm, die art- und rassetypischen Reaktionen des Hundes zu verstehen. Eltern müssen versuchen, dem Kind so viele Verhaltensweisen und Sachzusammenhänge zu vermitteln, wie es altersbedingt verstehen kann. Das Verständnis des Kindes für die artgemäßen Bedürfnisse des Hundes ist, neben dem gemeinsamen Spiel, das Erfolgsrezept für harmonische Kind-Hund-Beziehungen. Kinder nehmen das Verhalten des Hundes sehr aufmerksam wahr, das Wieso und Warum läßt sich kurzweilig auf gemeinsamen Spaziergängen vermitteln. So entsteht ein natürliches, spannungsfreies Verhältnis, welches mit Sicherheit schon bald in eine innige Freundschaft übergehen wird.

Wird die Hundeausbildung in Anwesenheit mehrerer Familienmitglieder durchgeführt, kann es vorkommen, daß der Hund in den Übungen unkonzentriert ist. Viele Hunde lassen sich von der Anwesenheit anderer Bezugspersonen ablenken und sind ständig damit beschäftigt, die Vollzähligkeit ihres Rudels zu überprüfen. Darunter leidet natürlich nicht nur

Gemeinsames Spiel stärkt die Bindung und schafft Vertrauen zwischen Kind und Hund.

die Arbeit, sondern vor allem der Lernerfolg. In diesen Fällen ist es günstiger, eine Person für die Ausbildung zu benennen oder aber wechselseitig mit dem Hund zu arbeiten. Ist der Lernstoff erst einmal vom Hund aufgenommen und eine gewisse Routine in den Übungsalltag eingekehrt, wird er auf die gewohnten Lautzeichen auch dann hören, wenn sie von anderen Familienmitgliedern gegeben werden. In diesem Fall ist aber verstärkt darauf zu achten, daß der Hund nicht jeder ausbildenden Person gegenüber ein individuell angepaßtes Verhalten entwickelt. Die Gleichbehandlung des Hundes durch alle ausbildenden Personen ist für den Erfolg unerläßlich.

Instinktkollisionen

In der Hundeausbildung gibt es Situationen, in denen das gewünschte Verhalten des Hundes momentan oder dauerhaft im Konflikt mit seinen Instinkten oder instinktgesteuerten Reaktionen steht. Wählt ein Ausbilder beispielsweise ein Übungsgelände, auf welchem sich vor kurzem eine läufige Hündin aufgehalten hat, ist eine stark reduzierte Aufmerksamkeit seines Rüden vorprogrammiert. Auch eine Hündin reagiert, wenn auch nicht so ausgeprägt wie ein Rüde, auf die Duftmarken der Umgebung. In solch einem Fall empfiehlt sich ein Ortswechsel, anstatt fortgesetzt und mit steigender Heftigkeit auf das Verhalten des Hundes einzuwirken. In einem fortgeschrittenen Stadium der Ausbildung hingegen kann das Training auf einem mit Duftmarken „verseuchten" Gelände durchaus gezielt zur Steigerung des Gehorsams eingesetzt werden. Unter Berücksichtigung des individuellen Leistungsstandes des Hundes abzuwägen, ob eine Übung den Hund lediglich fordert oder überfordert, ist eine Entscheidung, die der Ausbilder immer wieder aufs neue treffen muß.

Neben instinktgesteuerten Reaktionen, die den Geschlechtstrieb des Hundes betreffen, spielen in vielen Fällen von Instinktkollisionen Ängste eine entscheidende Rolle. Ist ein Hund generell umweltunsicher, also nicht an die Geräusche, Gerüche und Bewegungen in seiner Um-

Reiterspiele bergen die Gefahr, daß der Hund unvermittelt schnappt, wenn ihm das Kind unabsichtlich einen Schmerz zufügt. Anschließend ist die Vertrauensbasis zwischen beiden für lange Zeit empfindlich gestört.

welt gewöhnt, löst das Auftreten solcher Erscheinungen bei ihm einen Angstzustand und daraus resultierend eine Vermeidungsreaktion aus. Fühlt sich ein Hund bedroht oder unsicher, nimmt er als instinktive Reaktion auf dieses Gefühl eine Fluchthaltung ein. Eine gut erkennbare Fluchthaltung ist das aufrechte Stehen mit einer erhobenen Vorderpfote. Das in so einem Moment gegebene Lautzeichen „Platz!" wird der Hund ignorieren oder bestenfalls nur unwillig und sehr zögerlich ausführen. Angstreaktionen können bei einem Hund unterschwellig auftreten und uns Menschen manchmal unbegründet erscheinen. Das Rumpeln der Züge auf einer nahen Bahnstrecke, die ungewohnten Geräusche einer Fabrik, die Sirene eines Rettungsfahrzeuges oder das Grollen eines entfernten Gewitters können die Stimmungslage des Hundes genauso beeinflussen wie in geringem Abstand an ihm vorbeirasende Radfahrer. Eine ähnliche Situation kann entstehen, wenn sich der Hund durch die Anwesenheit eines Artgenossen verunsichert fühlt.

Seinem Jagdinstinkt möchte der Hund folgen, wenn er Jagdbeute in der Nähe sieht oder wittert. Die Reaktion auf Lautzeichen wird dann vom Jagdtrieb, der bei einem Beutegreifer hohe Priorität hat, unterdrückt. Durch geduldiges Training, welches auf Reizgewöhnung ausgelegt sein muß und mit einer Fährtenleine, um den Bewegungsspielraum des Hundes einzuschränken, läßt sich der Jagdtrieb langfristig dämpfen. Auslöschen läßt er sich im Normalfall nicht. Die Entscheidung, ob und wieviel Jagdtrieb im Lebensraum des Hundes akzeptabel ist, muß der Hundehalter schon vor der Entscheidung für eine Hunderasse und ein Individuum treffen.

Zu Beginn einer Ausbildung hat es keinen Sinn, auf einem Gelände zu trainieren, auf dem der Hund starken Reizen ausgesetzt ist. Die Ablenkung wirkt einem schnellen Erfolg der Übungen entgegen, und der Hund gerät ohne eigenes Verschulden in den Ruf „nicht ausbildungsfähig" zu sein. Der Ausbilder muß daher die Reaktionen seines Hundes während der Trainingsstunden genau beobachten, um solche Erfolgshemmnisse durch einen Wechsel der Lokalität zu beseitigen. Ein anderer, allerdings zeitaufwendigerer Weg ist die Gewöhnung des Hundes an die Störquellen, bevor die eigentliche Ausbildung beginnt. Auf dem Gelände kann an mehreren möglichst aufeinanderfolgenden Tagen Ball gespielt werden, dadurch wird sich der Hund schnell an die ungewohnte oder bedrohlich wirkende Umgebung gewöhnen. Zeigt er während des Spiels über einen längeren Zeitraum weder Angst noch Unsicherheit, steht auch dem Training auf diesem Platz nichts mehr im Wege.

Die Vermeidung von Instinktkollisionen beginnt schon mit der Auswahl einer Hunderasse. Es ist unsinnig, sich einen Hund anzuschaffen, mit dessen natürlichen Eigenschaften man nicht dauerhaft leben kann oder möchte. Es ist in jedem Fall besser, sich für eine andere Rasse zu entscheiden, als auf Lebenszeit zu versuchen, die natürlichen Instinkte des Hundes mit erzieherischen Maßnahmen zu verbiegen. Daß Erziehungsmaßnahmen, welche die Instinkte des Hundes bekämpfen, weder erfolgreich noch besonders erbaulich für Mensch und Hund sind, versteht sich von selbst. Einem Hund, für dessen Rasse ein ausgeprägter Schutztrieb kennzeichnend ist, muß man diesen Schutztrieb auch zubilligen. Ein Jagdhund muß seinen über viele Generationen entwickelten Jagdtrieb genauso behalten dürfen, wie ein Herdenschutzhund seine Eigenschaft, ein Territorium gegen Eindringlinge zu verteidigen.

Setzen von Tabus

Die große Lernbereitschaft eines Hundes ermöglicht es, die Entwicklung unerwünschten Verhaltens schon in frühester Jugend nachhaltig zu verhindern. Aber auch im späteren Leben wird unser Hund sehr schnell begreifen, daß bestimmte Verhaltensweisen negative Empfindungen zur Folge haben können. Eine wichtige Voraussetzung dafür ist der konsequente aber stets liebevolle Umgang mit dem Hund. Welche Tabus ein Hundehalter setzen möchte, bleibt seinem persönlichen Geschmack und den Erfordernissen seiner individuellen Situation vorbehalten.

Nahezu jeder Hundebesitzer erklärt die Tische in der Wohnung zum Tabubereich für den Hund. Wer möchte schon, daß der Hund seinen Kopf auf die Tischplatte legt und dem Abendessen einen sehnsüchtigen Blick widmet, wenn wir unseren Arbeitgeber oder die zukünftige Schwiegermutter zu Gast haben. Weitere, häufig anzutreffende Tabus sind das Betteln bei Tisch, das Schlafen im Bett, das Anspringen bekannter oder fremder Personen oder das Entwenden und Zerfleddern der Fernsehzeitung. Um für den Hund ein Tabu aufzubauen, muß der Ausbilder in der jeweiligen Situation immer gleich, also konsequent, reagieren. Es ist unmöglich, dem Hund zu verbieten, am Tisch zu betteln, solange Besuch im Haus ist, wenn er an anderen Tagen vom Tisch gefüttert wird. Zunächst übt der gedeckte Tisch mit seinen leckeren Gerüchen auf jeden Hund eine große Anziehungskraft aus. Früher oder später wird der Hund versuchen, die verlockenden Speisen zu erreichen. In diesem Fall geht der Hund nach dem Prinzip „Versuch und Irrtum" vor, daß heißt, keiner seiner Versuche, Nahrung vom Tisch zu erhalten, darf mit einem Erfolg enden. Waren einige seiner Versuche, bei Tisch gefüttert zu werden, erfolgreich, wird er bei drohendem Mißerfolg seine Anstrengungen intensivieren und wenn nötig seine Strategien variieren. Aufgeben wird er seine Bemühungen erst nach einer sehr langen Zeit des Mißerfolgs. Bis dahin sind die meisten Hundehalter längst wieder einmal „weich" geworden, und der Hund hat sie durch seine Beharrlichkeit zu einem ihm genehmen Verhalten erzogen.

Etwas anders ist der Fall gelagert, wenn der Hund Dinge vom Tisch entwendet, während er unbeaufsichtigt ist. Diesem Problem kann der Hundehalter nicht mit einem „Nein!" begegnen, sondern muß eine passende Erziehungsmethode wählen. Die möglichen Erziehungsmaßnahmen lassen sich in direkte und indirekte

Einwirkungen auf den Hund unterscheiden. Eine direkte Einwirkung liegt vor, wenn der Hundehalter selbst, durch ein Lautzeichen oder eine manuelle Korrektur, auf den Hund einwirkt. Bei der indirekten Korrektur verleiden wir dem Hund eine Verhaltensweise ohne persönlich auf ihn einzuwirken, zum Beispiel durch das Werfen der Wurfkette oder einen kommentarlosen Ruck an der Leine. Diese indirekten Korrekturen haben den großen Vorteil, daß der Hund die Einwirkung unmittelbar mit dem Ereignis verknüpft und keine Verbindung mit der Person des Hundeführers herstellt.

Bezogen auf das Beispiel mit dem „Stehlen" vom Tisch ergeben sich also zwei mögliche Vorgehensweisen: Der Hundehalter reagiert auf jeden Versuch des Hundes, auf den Tisch zu gelangen, mit dem Lautzeichen „Nein!" und falls nötig, mit einer manuellen Korrektur, indem der Hund oder seine Vorderpfoten vom Tisch genommen werden. Die zweite Möglichkeit wäre, dem Hund in dem Moment, in dem er sich am Tisch aufrichtet, kommentarlos die Wurfkette zwischen die Beine zu werfen. Erschreckt wird er vom Tisch zurückweichen, und wir haben ebenfalls den gewünschten Erfolg erzielt. Die zweite Methode hat gegenüber der Ersten allerdings einen unübersehbaren Vorteil. Der Hund bringt die Einwirkung der ihn erschreckenden Wurfkette nicht mit der Anwesenheit seines Besitzers in Verbindung, sondern mit der „Tat" selbst. Sein Lernvorgang läuft in etwa so ab: „Versuche ich, mich den Gerüchen auf dem Tisch zu nähern, gibt es einen Schreck". Greift der Hundebesitzer hingegen persönlich ein, merkt sich der Hund: „Wenn mein Rudelführer in der Nähe ist, darf ich mich dem Tisch nicht nähern". Nun wird der Vorteil deutlich. Die Anwendung der zweiten Methode wird zusätzlich dafür sorgen, daß der Hund dem Tisch auch dann fernbleibt, wenn wir uns nicht im Raum befinden, denn unsere Anwesenheit hat für seinen Lernvorgang keine Rolle gespielt. Die indirekte Einwirkung auf den Hund ist eine der effektivsten Methoden der Hundeausbildung. Sie läßt sich für viele Erziehungsmaßnahmen einsetzen, taugt aber nicht für alle Problemstellungen. In allen Fällen, in denen eine indirekte Einwirkung möglich ist, würde ich ihr den Vorzug vor der direkten Korrektur geben.

Hilfsmittel für die Ausbildung

In jedem größeren Zoofachgeschäft findet sich ein schier unüberschaubares Angebot an Zubehör für Haltung und Ausbildung des Hundes. Leinen und Halsbänder gibt es in allen Farben, Formen und aus verschiedensten Materialien. Der ertragreiche Markt des Tierzubehörs ist hart umkämpft. Bei allen Artikeln kann der Verbraucher außerdem zwischen nahezu identischen Erzeugnissen verschiedener Hersteller wählen. Ein großer Teil des Angebots soll den persönlichen Geschmack des Hundehalters ansprechen, zeichnet sich aber nicht unbedingt durch Praxistauglichkeit aus. Überbreite Lederhalsbänder mit Messing oder Silberbeschlägen sind vielleicht geeignet, das martialische Aussehen eines Rottweilers zu unterstreichen, für die Ausbildung des Hundes hingegen sind sie unbrauchbar. Nichts anderes läßt sich über die mit kunstvollen Stickereien verzierten Schmuckhalsbänder sagen, die vorzugsweise für kleinere Hunderassen gekauft werden. Die in letzter Zeit populär gewordenen Halstücher als Ersatz für ein normales Halsband sind modischer Schnickschnack und haben in der Hundeausbildung nichts verloren.

Bei einigen Produkten wird dem Hundehalter eine vermeintliche Praxistauglichkeit vorgegaukelt, die er aber an anderer Stelle mit schwerwiegenden Nachteilen erkaufen muß. Ein gutes Beispiel sind die sogenannten „begrenzten" Würgehalsbänder. Hier ist ein Ring als Stopper eingebaut, um das tatsächliche Strangulieren des Hundes zu verhindern. Sie lassen sich dem Hund besonders schnell und leicht anlegen, werden dafür aber auch genauso schnell verloren, wenn der Hund im Gelände herumtobt. Ein Nachteil im Hinblick auf die Ausbildung ist in der Konstruktion begründet. Möchte der Ausbilder den Hund mit einem Ruck an der Leine korrigieren, wird die Einwirkung mit einer Verzögerung auf den Hund übertragen. Zunächst zieht sich das Halsband bis zum Erreichen des Stoppunktes zusammen, ohne daß eine Kraft auf den Hund einwirkt. Diese sehr kurze Zeitspanne genügt dem Hund als Vorwarnzeit. Er weiß, daß eine Korrektur unmittelbar bevorsteht und strafft seine Muskulatur, um den erwarteten Ruck zu kompensieren. Der Ausbilder gibt so einen entscheidenden Teil seiner Möglichkeiten zur Einwirkung auf. Die ohne Zeitverzögerung und unmittelbar gegebene Korrektur ist mit einem „begrenzten" Würgehalsband nicht zu erreichen. Ein anderes Beispiel sind sogenannte Abrollleinen. Bei diesen langen Leinen kann der Hundeführer mit einem Knopfdruck eine Sperre freigeben, und der Hund kann die Leine gegen den Widerstand des Aufrollmechanismus abziehen. Vergegenwärtigen wir uns den Lernprozeß des Hundes: Wenn ich irgendwohin möchte und mich die Leine hindert, brauche ich nur zu ziehen, und ich gewinne zusätzlichen Freiraum. Es verwundert nicht, daß solcherart geführte Hunde später zwangsläufig zum Zerren an der Leine neigen. Richtig dagegen ist, dem Hund vom ersten Tag an deutlich zu machen, daß sein Freiraum eingeschränkt ist, wenn er an der Leine gehen muß. Der Hund lernt schnell, die Beschränkung auf den Radius einer normalen Leine zu akzeptieren.

Zwei Typen von Halsbändern sind für den Alltag gut geeignet: Das klassische Lederhalsband und die flachen, aus mehreren geflochtenen Strängen gefertigten Kunststoffhalsbänder. Letztere haben den Vorteil, sich leicht reinigen zu lassen, und der Anschaffungspreis liegt deutlich unter dem eines Lederhalsbandes. Während der Übungsstunden sind hingegen ausschließlich Gliederketten empfehlenswert. Sie bestehen aus einer einfachen, großgliedrigen Kette mit jeweils einem Ring an jedem Ende. Um die Gliederkette anzulegen, werden die Kettenglieder durch

Hilfsmittel für die Ausbildung

Eine einfache Gliederkette ist am besten für die Ausbildung geeignet.

Die Gliederkette wird doppelt gehakt, damit sie den Hund nicht würgt.

einen der Ringe gezogen und dem Hund über den Kopf gestreift. Mit der Leine wird die Gliederkette durch den Endring und ein Kettenglied doppelt gehakt, so daß sie am Hals des Hundes anliegt. Bei einem Zug an der Leine kann sich die Gliederkette jedoch nicht zusammenziehen, und der Hund wird nicht stranguliert.

Das richtige Anlegen einer Gliederkette kann sich jeder Hundebesitzer in seinem Zoofachgeschäft erklären lassen. Die zunächst etwas umständlich erscheinende Handhabung der Gliederkette wird durch viele praktische Vorteile aufgewogen. Kein anderes Halsband ermöglicht eine so direkte Einwirkung auf den Hund, denn die metallene Kette dehnt sich bei einer Korrektur nicht. Für Spaziergänge in Wald und Feld eignet sich die Gliederkette nicht. Die großen Kettenglieder können sich leicht an Ästen oder Sträuchern verfangen und zu Verletzungen des Hundes führen. Ein eng anliegendes Leder- oder Kunststoffhalsband ist für diese Unternehmungen sehr viel besser geeignet.

Bei den Leinen steht dem Hundehalter eine größere Anzahl gut geeigneter Produkte zur Auswahl. Leder- und Kunststoffleinen normaler Länge sind für den Alltag gut geeignet. In der Ausbildung muß die Leine zwei Kriterien erfüllen: Sie soll möglichst leicht sein und sich keinesfalls dehnen, wenn sie unter Spannung gesetzt wird. In einem späteren Stadium der Ausbildung sollen einige Übungen mit einer Langleine durchgeführt werden. Diese auch Feld- oder Fährtenleine genannten Führhilfen gibt es in Längen zwischen zehn und vierzig Metern. Ein Exemplar aus möglichst leichtem, nicht dehnbaren Material mit einer Länge zwischen zehn und zwanzig Metern ist für unsere Zwecke gut geeignet. Für einige Übungen wird zusätzlich ein Geschirr für den Hund benötigt. Es wird immer dann eingesetzt, wenn damit zu rechnen ist, daß der Hund mit großer Geschwindigkeit und Kraft in eine Langleine rennt. Das Geschirr verteilt den Zug auf Brustkorb und Körper, anstatt die Kraft ausschließlich auf den Hals zu wirken zu lassen. Ein Geschirr soll erst angeschafft werden, wenn es wirklich zum Einsatz kommen soll. Der Hund wird in diesem Ausbildungsstadium seine endgültige Größe bereits nahezu erreicht haben, und das Geschirr wird optimale Paßgenauigkeit aufweisen. Falsch sitzende, zu kleine oder zu große Geschirre gefährden eher die Gesundheit des Hundes als zu einem Ausbildungserfolg beizutragen. Die bereits besprochene Wurfkette bleibt ein zusätzliches, universelles Korrekturmittel, wenn der Hund nicht angeleint ist.

Diese sechs Artikel: Gliederkette, Leine, Fährtenleine, Geschirr, Wurfkette und eine Handvoll Leckerchen bleiben unsere einzigen Hilfsmittel während der gesamten Ausbildung. Alle Halsbänder, die so konstruiert sind, daß sie den Hund würgen oder mit Stacheln traktieren, benutzen wir nicht! Grundsätzlich! Ohne Ausnahme! Sie bringen keine Ausbildungserfolge, die nicht auch mit unserer Grundausstattung in angemessener Zeit erreichbar wären. Vertrauen Sie nicht den „guten Ratschlägen" vermeintlich versierter Ausbilder, mit denen Ihnen irgendwelche Marterinstrumente anempfohlen werden sollen. Wer zu solchen Methoden greifen muß, dokumentiert damit seine mangelnde Qualifikation und beweist, daß er mit der Ausbildung des Hundes überfordert ist.

Vertiefung des Erlernten

Wird eine neue Übung in das Trainingsprogramm aufgenommen, dauert es einige Zeit, bis der Hund auf ein Hörzeichen mit dem gewünschten Verhalten reagiert. Tritt dieses gewünschte Verhalten anfangs nur sporadisch auf, reagiert der Hund mit zunehmender Übungsdauer immer häufiger in der gewünschten Weise. Eines Tages wird die „Trefferquote" bei rund 99 Prozent liegen. Dies bedeutet aber nicht, daß die Reaktion auf ein Lautzeichen auch ohne weitere Übungen nun für immer und ewig als Verhaltensmuster zur Verfügung steht. Wird eine Übung längere Zeit nicht wiederholt, lockert sich die Reiz-Reaktions-Beziehung, und der Hund vergißt, was er einst erlernt hat. Vor allem Übungen, die normalerweise nicht in der täglichen Praxis benötigt werden, sollten von Zeit zu Zeit gezielt wiederholt werden.

Eine gute Methode, ein Übungsprogramm auch ohne großen Zeitaufwand aufrechtzuerhalten, ist die Integration von kurzen Übungen in die täglichen Spaziergänge. Nahezu alle Übungen lassen sich leicht in den regulären Tagesablauf einbinden. Der Gang zum Bäcker, der Besuch eines Freundes und der normale Auslauf des Hundes lassen sich prächtig für die Vertiefung der Übungen nutzen.

Eine Ausbildung ist niemals wirklich abgeschlossen. Auf Lebenszeit wird ein Übungsprogramm mit dem Hund beibehalten, um seine Einordnung zu festigen und die einst erlernten Laut- und Sichtzeichen nicht in Vergessenheit geraten zu lassen. Vielleicht werden sich völlig neue Übungen erst nach einer gewissen Zeit des Zusammenlebens ergeben, denn immer wieder wird der Hundehalter Situationen gegenüberstehen, in denen er ein bestimmtes Verhalten seines Hundes für wünschenswert hält. Der Aufnahme neuer Elemente in das Trainingsprogramm des Hundes, zusätzlichen Lautzeichen und dem Aufbau neuer Rituale in fortgeschrittenem Alter des Hundes steht nichts entgegen, solange diese Übungen nicht im Konflikt mit bereits Erlerntem stehen.

Unlautere Ausbildungsmethoden

Schon immer hat es Menschen gegeben, die versuchen, die Ausbildungszeit ihres Hundes zu verkürzen oder den Hund zu Dressurhöchstleistungen zu bringen, indem sie Schmerzen und Gewalt als Ausbildungsmittel eingesetzt haben. Früher wie heute gehören Schläge mit einer Weidengerte genauso zum Repertoire einiger Ausbilder, wie Würgehalsbänder, Stachelwürger und um die Hoden gelegte Drahtschlingen. Stockschläge und Tritte in Bauch und Hoden werden von sogenannten Schutzdiensthelfern angewandt, um einen friedfertigen Hund zum Angriff zu zwingen. In der Ausbildung von Jagdhunden erfreut sich die „Zwangshalsung" großer Beliebtheit. Dem Hund wird dabei ein mit Nägeln gespicktes Würgehalsband umgelegt. Schon beim allerersten Ruck an der Leine bohren sich die bis zu zwölf Millimeter langen Nägel in voller Länge in den Hals des Hundes und reißen verheerende Wunden. Es versteht sich von selbst, daß der Hund unter Anwendung dieses Zwangsmittels keine Neigung mehr zeigt, an der Leine zu ziehen. Am Stammtisch kann sich der erfolgreiche „Ausbilder" dann seiner Erfolge rühmen und darf die ehrfurchtsvolle Bewunderung seiner Kumpanen genießen.

Leider hat auch die moderne Technik in Form der funkgesteuerten Teletaktgeräte längst Einzug in die Schreckenskammer der Hundeausbildung gehalten. Die Elektrohalsbänder verpassen dem Hund auf Knopfdruck einen Stromschlag, der sich bei einigen Erzeugnissen nahezu bis auf die Stärke einer tödlichen Dosis einstellen läßt. Der Hund bricht unter dem Eindruck des plötzlichen Schmerzes förmlich zusammen; der Stromschlag reißt das Tier von den Füßen, und es windet sich jaulend und winselnd auf dem Boden. Schon nach relativ kurzer Zeit kann sich der Folterknecht über seinen „Ausbildungserfolg" freuen, denn die Drohung des Schmerzes reicht bald aus, den Hund in ein bemitleidenswertes Bündel Angst und eine willfährige Marionette zu verwandeln. Keineswegs werden diese Folterinstrumente nur von vorbestraften Tierquälern und stadtbekannten Sadisten eingesetzt. In den meisten Fällen sind übersteigerter Ehrgeiz, Ungeduld oder schlichtweg Unvermögen des Ausbilders das Motiv.

Unserem Tierschutzgesetz und den Bestrebungen verschiedener Organisationen zum Trotz, werden Elektroschock-Geräte in Deutschland nach wie vor gehandelt und eingesetzt. Bei Menschen, die keine Skrupel kennen, den Hund zu artfremden Dressurleistungen zu treiben oder schlicht und einfach seinen Willen zu brechen, erfreuen sich diese Folterwerkzeuge leider einer steigenden Popularität. Die

Hersteller solcher Geräte ködern ehrgeizige Hundebesitzer mit dem Versprechen auf schnelle Erfolge und liefern das gute Gewissen praktischerweise gleich mit: „Dem Hund wird natürlich kein Schaden zugefügt ...!". Die Wahrheit jedoch ist, daß solcherart traktierte Hunde ihre Angst kaum mehr überwinden werden; seelisch gebrochen bleiben sie in sich zurückgezogen und sind aus dieser Isolation meist nicht mehr zu befreien. Oft genug werden durch solche Foltermethoden aus mental gesunden Hunden problematische, verhaltensgestörte und überängstliche Nervenbündel.

Unruhe, devotes Verhalten und eine unmotivierte Schreckhaftigkeit des Hundes entlarven den vermeintlich fähigen Ausbilder als Straftäter. Selbstverständlich ist es verlockend, die Defizite einer völlig versaubeutelten Ausbildung anschließend in Rekordzeit „teletaktisch" wieder hereinholen zu wollen. Langfristig gesehen stellt sich allerdings nie ein greifbarer Erfolg ein. Liebe und Geduld sind in der Hundeausbildung durch nichts zu ersetzen, schon gar nicht durch den Einsatz roher Gewalt. Der Einsatz der Folterwerkzeuge wird entweder geleugnet oder, falls das nicht möglich sein sollte, wortreich schöngeredet. Eine Entschuldigung für diese perfide Form der Tierquälerei kann es keinesfalls geben. Die Benutzung solcher Geräte und Methoden sind der fachliche und menschliche Offenbarungseid des Hundehalters.

Ein Hund kommt ins Haus

Übernahme vom Züchter oder Tierheim

Ist ein vertrauenswürdiger Züchter gefunden und die Wahl für einen Welpen getroffen, rückt der vereinbarte Tag, an dem die Übergabe des Hundes stattfinden soll, schnell näher. Futternäpfe, Halsband, Leine und die ersten Spielsachen liegen sicherlich schon für den neuen Hausgenossen bereit. In die Kamera ist ein neuer Film eingelegt, und das Porzellan befindet sich gut verpackt an einem sicheren Ort.

Der erste Ausbildungsschritt findet schon mit der Abholung des Hundes beim Züchter oder vom Tierheim statt. Vereinbaren Sie einen Termin möglichst früh am Morgen und bitten Sie darum, den Welpen an diesem Tag nicht zu füttern.

Der Streß, aus dem Kreis seiner Geschwister gerissen zu werden und die noch ungewohnte Autofahrt führen bei Welpen nicht selten zu Übelkeit und Erbrechen. Das ausgefallene Frühstück kann der Welpe dann nach Eintreffen in seinem neuen Heim nachholen. Für den Transport wird außerdem die Hilfe einer zweiten Person benötigt, die den Wagen fährt, während Sie den Welpen auf einer Decke im Arm halten.

Junge Hunde reagieren anfänglich auf die Fahrt mit dem Auto sehr unterschiedlich. Einige zeigen mehr oder weniger starkes Unwohlsein, teilweise sogar große Angst, andere nehmen diese Fortbewegungsart vom ersten Tag an als selbstverständlich hin. Das Ziel ist, die Fahrt so zu gestalten, daß der Welpe nicht eine dauerhafte Abneigung gegen das Autofahren entwickelt. Deshalb soll der junge Hund während der Fahrt auf dem Arm gehalten und keinesfalls in einen Transportbehälter gesperrt werden. Der intensive Kontakt zu einer Bezugsperson wird ihm helfen, die vielen neuen Eindrücke zu verarbeiten. Je nach Länge der Fahrt sollen ausreichende Pausen eingelegt werden; diese Unterbrechungen können genutzt werden, um mit dem Welpen zu spielen und Spannungen abzubauen. Ein Hund, der von seiner ersten Autofahrt einen positiven Eindruck mitnimmt, wird auch bei späteren Fahrten kaum Probleme bereiten.

Zeigt der Welpe auf dieser ersten Fahrt Unsicherheit oder Ängstlichkeit, unternehmen Sie mit ihm an den folgenden Tagen mehrere kurze Touren mit dem Auto. Steuern Sie dabei einen Platz an, der sich zum Spielen mit dem Hund eignet. Halten Sie den Welpen während der Fahrt auf dem Arm und reden Sie ihm beruhigend zu. Die Gabe eines Leckerchens am Ziel hilft zusätzlich, dem Welpen einen positiven Eindruck vom Autofahren zu vermitteln.

Die erste Nacht im neuen Heim

Die erste Nacht mit dem Welpen kann schwierig werden. Der junge Hund, aus der Gemeinschaft seiner Geschwister und seiner gewohnten Umgebung gerissen, wird mehr oder weniger heftig von Verlassensängsten und Heimweh geplagt. Anstatt friedlich zu schlafen, winselt und jault er, zeigt Unruhe und will sich nicht dauerhaft beruhigen lassen. Nicht selten liest oder hört man den Ratschlag selbsternannter „erfahrender Hundeausbilder", den Welpen zur Wahrung der heiligen Nachtruhe in einem Pappkarton in den Keller zu verfrachten. Es steht außer Frage, daß sich ein verantwortungsvoller Tierhalter keinesfalls zu solchen Methoden hinreißen läßt. Der Welpe ist ein Baby mit begrenzter Einsichtsfähigkeit und steht beim Wechsel von seinen Wurfgeschwistern zu Ihrer Familie unter hohem emotionalen Druck. Ihm diesen Übergang so leicht und angenehm wie möglich zu machen, ist die erste Aufgabe des zukünftigen Hundebesitzers. Über die Spätfolgen der vermeintlich gesunden

Der Übergang eines Welpen vom Züchter in die Familie erfolgt normalerweise zwischen der neunten und zwölften Lebenswoche. Die Eingewöhnung in das neue Zuhause ist nach wenigen Tagen abgeschlossen.

Die erste Nacht im neuen Heim

Härte gegenüber dem Welpen möchte ich gar nicht erst spekulieren. Nehmen Sie sich also lieber die Zeit, geduldig und verständnisvoll auf den jungen Hund einzuwirken, indem Sie ihm über seinen Trennungsschmerz hinweghelfen. Beruhigen Sie den Welpen, wenn er jammert oder jault, und irgendwann schläft selbst der unruhigste junge Hund ein. Fragen Sie den Züchter nach einem Kissen oder einer Decke aus der Wurfkiste; das Vorhandensein eines solchen Geruchsträgers hilft dem Welpen, über die Trennung von seiner gewohnten Umgebung hinwegzukommen.

Ob Sie den Hund auf seinem Platz im Wohnzimmer schlafen lassen oder ihm Zugang zum Schlafzimmer und dem Bett gestatten, ist eine Frage des persönlichen Geschmacks. Für das Zusammenleben, die Bindung, die der Hund mit seinen Bezugspersonen eingeht und die spätere Ausbildung spielt sein Schlafplatz keine Rolle. Für die Behauptung, ein Hund, der im Bett schlafen dürfe, wäre schlechter auszubilden, da er sich durch den Zugang zum Bett in einer hohen Position in der Rangfolge wähnt, gibt es keinen Beweis. Auch der Hinweis auf hygienische Gründe ist fragwürdig, da der Hundebesitzer ohnehin den größten Teil der Wohnung mit seinem Hund teilt. Ein gesunder und gepflegter Hund stellt weder für Kinder noch für Erwachsene eine Bedrohung der Gesundheit dar. Eines ist jedoch zu beachten: Hat der Hundehalter seinem Hund erst einmal gestattet, im Bett zu liegen, wird er es ihm kaum wieder abgewöhnen können. Ein kleiner Welpe im Bett ist sicherlich putzig anzusehen und erfreut die stolzen Hundeeltern, ob sich jedoch noch eine entspannte Schlafposition finden läßt, wenn sich ein sechzig Kilo schwerer Bernhardiner im Bett räkelt, wage ich zu bezweifeln. Aber das ist, wie gesagt, eine Geschmacksfrage.

In mancher Hinsicht zeigen sich deutliche Parallelen zwischen Hunden und Kindern. Verbotenes übt einen besonderen Reiz aus, und Hunde sind sehr einfallsreich, wenn es darum geht, Verbote zu unterlaufen. Es passiert häufig, daß ein Hundehalter seinen Vierbeiner allabendlich zur Schlafenszeit auf die Hundedecke führt, wo sich der Hund auch willig hinlegt. Am nächsten Morgen jedoch findet sich der Vierbeiner selig schlummernd am Fußende des Bettes und reagiert auf Ansprache mit Unschuldsmine und aufgesetztem Unverständnis. Viele Hundehalter, auch die, die es nicht zugeben, sind aus dieser Auseinandersetzung als Verlierer hervorgegangen. In puncto Hartnäckigkeit und im Abpassen eines günstigen Momentes ist der Hund uns Menschen weit überlegen. Wenn alle Erziehungsversuche fruchtlos geblieben sind, muß man sich dem Problem aus einer anderen Richtung nähern. Zunächst soll der Hundehalter erst einmal scheinbar nachgeben und dem Hund gestatten, ins Bett zu kommen, damit der Reiz des Verbotenen entfällt. Kommt der Hund nun ins Bett, dreht sich der Hundebesitzer solange hin und her, bis sein Hund unter der Bettdecke liegt. Schon nach kurzer Zeit wird der Hund das Bett freiwillig verlassen, da es ihm unter der Bettdecke zu warm wird. Nach einiger Zeit verliert das Bett deutlich an Anziehungskraft, und der Hund wird sich freiwillig auf einen anderen Schlafplatz zurückziehen. Dennoch wird er ab und zu im Bett auftauchen, denn es ist ihm ja nun nicht mehr verboten. Man kann eben nicht alles haben.

Erziehung zur Stubenreinheit

Die Stubenreinheit des jungen, gesunden Hundes ist innerhalb weniger Tage erreichbar, zwingt aber den Hundehalter während der ersten Zeit zu einem Einsatz rund um die Uhr. Alle zwei bis zweieinhalb Stunden soll der Welpe ins Freie zu einem Platz geführt werden, an dem er sich versäubern kann. Sollte der Welpe, trotz längerer Wartezeit, seine Blase nicht entleeren, wird er nach einer halben Stunde erneut ausgeführt. Je konsequenter der Hundehalter diesen Rhythmus einhält, desto seltener wird der Welpe sein „Geschäft" im Haus verrichten. Also klingelt der Wecker auch des Nachts alle zweieinhalb Stunden. Eile ist geboten, wenn der junge Hund von selbst aufwacht, denn kurz darauf wird er Wasser lassen oder Kot absetzen – jetzt ist höchste Eile geboten.

Die Fütterung des Welpen, die anfänglich fünfmal am Tag erfolgen soll, muß in den Zeitplan des Ausführens eingebunden werden. Unmittelbar nach jeder Fütterung wird der Welpe Kot absetzen, deshalb muß er nach dem Ende der Mahlzeit sofort an die Stelle geführt werden, an der er sein „Geschäft" verrichten soll. Der Hundebesitzer muß geduldig warten, bis sich der Welpe versäubert hat. Dabei soll er in dem Moment gelobt werden, wenn er sich zu lösen beginnt, nicht erst, wenn er damit fertig ist. Das Lob darf ruhig ein wenig überzeichnet sein und soll deutlich machen, daß dieses Verhalten erwünscht ist. Loben Sie ausgiebig und mit einschmeichelnder Stimme, streicheln Sie den Welpen, wenn er sein Geschäft beendet hat und sich in Folge des Lobes freudig nähert.

Ein guter Züchter hat seine Welpen an verschiedene Bodenbeläge und Bodenstrukturen gewöhnt. Ein Hund bevorzugt für die Verrichtung seines „Geschäftes" immer den weichsten zur Verfügung stehenden Untergrund. Im Freien sind Rasenflächen gut geeignet, um dem Welpen einen Platz zum Wasser lassen zuzuweisen. Auch in der Wohnung wird sich der Welpe den weichsten Bodenbelag aussuchen – den Teppich. Trotz aller Bemühungen wird es mehrfach vorkommen, daß der Hund in der Wohnung Wasser läßt oder Kot absetzt. Meistens wird der Haufen oder die Pfütze erst nach einiger Zeit bemerkt, günstiger für die Erziehung ist es, den Welpen in flagranti zu ertappen. Zwar kann die Verschmutzung des Teppichs nicht mehr verhindert werden, ein scharfes „Nein!" oder „Pfui!" zeigt dem Welpen jedoch, daß er etwas Falsches tut. Egal ob der Welpe beim Versäubern erwischt oder seine Hinterlassenschaften erst später entdeckt werden, der Ausbilder führt ihn zu der verschmutzten Stelle und zeigt sein Mißfallen durch ein deutliches „Pfui, ist das!", wobei der Welpe im Genick gehalten und einmal leicht geschüttelt wird. Aus dem unliebsamen Vorfall soll aber keine Staatsaktion mit längerer Gardinenpredigt gemacht werden. Auch Wutanfälle dienen der Sache nicht – der Hund würde die Reaktion mißverstehen und die Basis für das Zustandekommen eines Lerneffekts fehlt. Das Schütteln des Welpen gleicht der Zurechtweisung einer Hundemutter, die einen ungehorsamen Welpen am Genick packt und beiseite schleudert. In einigen Publikationen wird behauptet, das „Genickschütteln" sei schädlich für Welpen, da sie einen Zusammenhang mit dem Totschütteln eines Beutetieres empfinden würden. Dem ist freilich nicht so! In der Natur besteht keine Notwendigkeit, einem Tier die Erfahrung und Bedeutung des „totgeschüttelt werdens" als vererbbares Wissen mit auf den Weg zu geben. Wann immer das Tier mit dieser Situation konfrontiert würde, wäre sein Schicksal längst besiegelt, und die genetische Weitergabe der Information hätte weder einen situativen noch einen evolutiven Vorteil erbracht.

Ein weiterer Beitrag, den der Hundehalter zur schnellen Stubenreinheit seines Welpen leisten kann, liegt in der Auswahl eines geeigneten Futters. Fragen Sie den Züchter nach der verwendeten Welpenkost und geben Sie diese zunächst weiter. Auf abrupte Futterumstellungen reagieren Welpen in der Regel mit schwer zu entfernenden Verdauungsstörungen. Üblicherweise gibt ein Züchter dem Welpenkäufer einen Ernährungsplan für den Hund mit, andernfalls kann auch jeder Tierarzt einen geeigneten Ernährungsplan aufstellen. Welpenkost gibt es in unterschiedlicher Qualität, daher erklären sich die großen Preisunterschiede. Ein Beutel mit fünfzehn Kilogramm hochwertigem Trockenfutter zur Welpenaufzucht darf durchaus an die neunzig Mark kosten (1998). Die Umstellung auf ein neues Futter sollte immer „fließend" erfolgen, das heißt, daß zunächst nur ein kleiner Anteil des neuen Futters dem alten zugegeben wird. Im Laufe der nächsten Tage kann dieser Anteil dann erhöht werden, bis die Umstellung vollzogen ist.

Integration in Familie und Umwelt

In der ersten Zeit ermüdet der Welpe schnell und benötigt viel Schlaf, deshalb sollte er ausreichend Gelegenheit erhalten, Ruhepausen einzulegen. Eventuell müssen Kinder gebremst werden, wenn sie den Welpen immer wieder zum Spielen oder Streicheln aufwecken wollen. Abgesehen von der Erziehung zur Stubenreinheit soll der Hund in diesem Lebensabschnitt seine Aktivitäts- und Ruhephasen noch weitestgehend selbst bestimmen dürfen. Ist er aufgewacht und hat sein „Geschäft" an der zugewiesenen Stelle verrichtet, kann gespielt werden. Im Spiel lernt der Welpe nicht nur Gegenstände und seine Umwelt kennen, er erprobt auch Verhaltensweisen im Umgang mit seinem neuen sozialen Umfeld. Im Spiel muß er unter anderem lernen, welche Beißkraft er einem Menschen gegenüber aufbieten darf. Die nadelspitzen Milchzähne des Welpen können schon bei geringem Kieferdruck sehr schmerzhaft sein und die Haut verletzen. Auf jeden Schmerz soll der Hundehalter mit einem „Au" reagieren und abwarten, ob der Welpe auf den Schmerzlaut hin seinen Kieferdruck verringert.

Nahezu alle Welpen reagieren auf einen menschlichen Schmerzlaut instinktiv richtig. Sollte der junge Hund aber immer wieder zu heftig beißen, läßt der Hundehalter dem Schmerzlaut einen simulierten Schnauzenbiß folgen. Der Schnauzenbiß ist eine Zurechtweisung, bei der ein älterer oder höher in der Rangfolge stehender Hund die Schnauze des Übeltäters in seinen Fang nimmt. Dabei wird dem so Gescholtenen kein Schmerz zugefügt, seine Schnauze wird lediglich für einige Sekunden blockiert. Dieser Schnauzenbiß kann leicht simuliert werden. Dabei wird die geöffnete Hand von oben über die Schnauze des Hundes gelegt und der Fang mit leichtem Druck für einige Sekunden zuhalten. Diese Form des Tadels wird von Hunden besser verstanden als ein Klaps oder ein Schlag, auch einem älteren Hund kann auf diese Weise das Mißfallen seines Rudelführers vermittelt werden. Im Gegensatz zur gezielten Anwendung dieser Technik sollte die unbeabsichtigte Anwendung des Schnauzenbisses, etwa im Spiel, vermieden werden. Der Hund würde sich getadelt fühlen, ohne daß für ihn ein Anlaß ersichtlich wäre.

Das Über-die-Schnauze-Beißen nach Art des Wolfes als Form der elterlichen Zurechtweisung kann der Hundeführer leicht imitieren.

Eine andere „Unsitte" des jungen Hundes, mit der jeder Hundebesitzer früher oder später konfrontiert wird, ist das Zerkauen von Gegenständen. Den Verlust der neuen Schuhe Ihres Ehepartners können Sie diplomatisch in einem Nebensatz der abendlichen Unterhaltung verstecken. Unangenehmer ist, wenn Sie Ihre Briefmarkensammlung auf diese Weise einbüßen. Wirklich gefährlich kann der Versuch des Welpen werden, seine Kaumuskulatur an elektrischen Leitungen zu trainieren. Um gegen dieses unerwünschte Verhalten erfolgreich vorgehen zu können, muß man zunächst für das Vorhandensein einer ausreichenden Anzahl „legaler" Kauobjekte sorgen.

Das Training der Kiefermuskeln ist nicht nur ein Grundbedürfnis des Hundes, es dient auch seiner Zahnpflege und der Massage des Zahnfleisches. Vor allem während des Wechsels vom Milch- zum Dauergebiß benötigt der Hund möglichst viele verschiedene Kauobjekte. Besonders gut geeignet sind Kauknochen aus sogenannter Büffelhaut, die in verschiedenen Größen und Formen in jeder Zoohandlung angeboten werden. Ein von einem Spaziergang mitgebrachtes Stöckchen kann gelegentlich den Kauknochen ersetzen und bereitet dem Hund genauso viel Freude. Kauobjekte in Form einer Katze oder eines gerupften Hühnchens sind am Rande der „political correctness" und somit dem Geschmack des Hundebesitzers überlassen. Jeder Versuch des Hundes, einen anderen Gegenstand als diese Kauartikel herzunehmen, wird mit einem „Nein!" in Verbindung mit dem Schnauzenbiß geahndet oder ihm mittels der Wurfkette verleidet. Erlaubt und verboten lernt jeder Junghund auf diese Art schnell zu unterscheiden.

Mit allen Verwandten, Freunden und Hausbewohnern soll der Hund schon in den ersten Tagen Bekanntschaft schließen. Im gemeinsamen Spiel mit der Familie oder den Nachbarskindern lernt der Hund, sich auf den Sozialpartner Mensch einzustellen. Die Umgebung seines Wohnortes soll der Hund nun ausgiebig erkunden dürfen. Nach einigen Tagen hat sich der Hund in der Regel gut in sein neues Zuhause eingelebt. Jetzt soll der Hund gezielt mit allen Orten und Ereignissen bekanntgemacht werden, mit denen er in seinem späteren Leben konfrontiert werden kann. Unternehmen Sie Fahrten im Auto und mit öffentlichen Verkehrsmitteln, laufen Sie durch Fußgängerzonen und Einkaufsstraßen, gehen Sie mit Ihrem Hund durch dichte Menschenmengen, enge Gassen, dunkle Hausflure, besuchen Sie mit ihm Geschäfte, Restaurants, Freunde und Verwandte.

Machen Sie Spaziergänge an Straßen mit hohem Verkehrsaufkommen, provozieren Sie Begegnungen mit Joggern, Radfahrern und spielenden Kindern. Machen Sie den Hund mit den Planken Ihres Bootes bekannt, wenn Sie Wassersportler sind, nehmen Sie ihn mit auf den Ponyhof, wenn Sie eine begeisterte Reiterin zur Tochter haben. Das Absolvieren dieses zeitaufwendigen Programms ist unabdingbar und zahlt sich im späteren Leben auf vielfältige Weise aus. Alle Unternehmungen, Geräusche und Situationen, die der

Hund in dieser frühen Phase seiner Entwicklung kennenlernt, werden ihm für den Rest seines Lebens vertraut sein. Er wird diese Vorgänge später als selbstverständlich ansehen und dementsprechend gelassen reagieren. Die Umwelt- und Wesenssicherheit des Hundes wird maßgeblich von der Gewöhnung an seine Umwelt im Welpenalter bestimmt und bildet die Grundlage für seine erfolgreiche Ausbildung. Wächst der Welpe hingegen nahezu ausschließlich im Haus und auf dem eigenen Grundstück auf, wird er als erwachsener Hund auf jeden ungewohnten Reiz unsicher, ängstlich oder aggressiv reagieren. Umwelt- und Wesenssicherheit eines Hundes sind keine Zufallsprodukte, sondern der Lohn für Einsatz und sachkundige Ausbildung durch seinen Besitzer. Jeder hat den Hund, den er verdient!

Gewöhnung an Halsband und Leine

Welche Grundausstattung von Leine und Halsband taugt für den Welpen?

Ein im Umfang verstellbares Kunststoffhalsband und eine leichte Leine aus

So früh wie möglich soll der Welpe mit allen Orten, Personen und Situationen vertraut gemacht werden, mit denen er in seinem späteren Leben Kontakt haben wird. Sieht sich ein Welpe mit ungewohnten Situation konfrontiert oder ist er verunsichert, setzt er sich zunächst einmal hin und beobachtet das Geschehen.

dem gleichen Material sind bestens geeignet. Wichtig ist ein möglichst großer Verstellbereich des Halsbandes, damit es nicht schon nach vier Wochen außer Dienst gestellt werden muß. Das Halsband soll möglichst leicht sein, damit es den Welpen anfänglich nicht zu stark behindert und die Gewöhnung an den neuen Halsschmuck erschwert. Die klassischen Lederhalsbänder haben gegenüber denen aus Kunststoff mehrere Nachteile: Sie sind teurer, deutlich schwerer, haben einen geringeren Verstellbereich, saugen sich bei Nässe mit Wasser voll und werden im Laufe der Zeit hart. Ein Lederhalsband ist nach einiger Zeit nicht mehr besonders ansehnlich, wohingegen ein Kunststoffhalsband nach einer Wäsche wie neu aussieht.

In der ersten Zeit wird sich der Welpe oft hinsetzen und sich mit einer Hinterpfote am Hals kratzen, da er das Halsband als störend empfindet. Mitunter setzen sich Welpen auch protestierend hin und machen keine Anstalten, weiterzugehen, wenn sie das störende Objekt nicht loswerden können. Reagieren Sie geduldig und locken Sie den Welpen zum Fortsetzen des Spazierganges. Gelegentlich kann ein Spielzeug als Ablenkung eingesetzt werden. Ansonsten können Sie den Vorgang der Gewöhnung kaum beeinflussen, innerhalb von zwei Wochen ist das Tragen des Halsbandes für den Hund selbstverständlich geworden. Bis sich der Hund an das Halsband gewöhnt hat, soll er es auch im Haus täglich für einige Stunden tragen. Später kann das Halsband als Signal zum Spazierengehen eingesetzt werden, indem man es dem Hund direkt vor dem Verlassen des Hauses anlegt.

Kontakt zu Artgenossen

Der Welpe, der am Beginn seiner Sozialisierungsphase in Ihre Familie kommt, muß nicht nur den Umgang mit Menschen und das Leben in einer menschlichen Gemeinschaft erlernen, auch die Lernprozesse für das Zusammenleben mit anderen Hunden sind bei weitem noch nicht abgeschlossen. Schon bald werden Sie auf Ihren immer länger werdenden Spaziergängen auf fremde Hunde treffen, und dem Junghund stehen erste Erfahrungen mit seinen Artgenossen bevor. Eine Bitte gleich zu Anfang: Befürchten Sie nicht bei jeder Begegnung, der fremde Hund könnte Ihrem kleinen Liebling ein Leid zufügen, und glauben Sie nicht, den jungen Hund ständig vor älteren und größeren Hunden beschützen zu müssen. Im Spiel mit seinen Geschwistern hat der Welpe die Laut- und Körpersprache erlernt, kann Dominanz- und Demutsgesten sowohl zeigen wie auch verstehen und weiß, Intentionsbewegungen zu deuten. Auch die erforderlichen Reaktionen hat der Welpe im Kreis seiner Geschwister bereits erprobt. Er wird aus der Obhut der Wurfkiste mit dem nötigen Rüstzeug zur Kommunikation mit seinen Artgenossen ins Leben entlassen. Nun muß er die Anwendung dieser Fähigkeiten im Alltag und mit fremden Hunden erlernen, um ein respektiertes Mitglied der hündischen Gesellschaft werden zu können.

Wer einen Hund mit einer Schulterhöhe von annähernd vierzig Zentimetern oder mehr besitzt, kennt sicherlich folgende Szene: Auf einem Spaziergang begegnet man einer Person mit einem Welpen. Bevor sich Hundeführer und Hund dem Welpen auf weniger als zwanzig Schritt genähert haben, reißt besagte Person den Welpen auf den Arm und ruft verängstigt: „Nehmen Sie Ihren Hund weg, meiner hat Angst – er ist schon gebissen worden". Glücklicherweise sind, im Gegensatz zu der Häufigkeit, mit der diese fadenscheinige Begründung gegeben wird, Angriffe erwachsener Hunde auf Welpen ausgesprochen selten. Das Verhalten des verschreckten Hundebesitzers hat seine Ursachen in einer vermenschlichten Sichtweise des Hundes. Die Tendenz, auf das Säugetier Hund menschliche Eigenschaften, Bedürfnisse oder Verhaltensweisen zu übertragen, wird in der Verhaltensforschung als Anthropomorphismus bezeichnet. Das enge Zusammenleben mit Tieren, vor allem mit Hunden, fördert die Tendenz, ein Tier zu vermenschlichen, verhindert aber letztlich die artgerechte Haltung und stört die natürliche Entwicklung des Hundes. Schnell verkehrt sich die gutgemeinte, vermenschlichte Behandlung des Hundes für ihn ins Negative, das Fehlen artspezifischer Er-

Der Welpe unterwirft sich der fremden, erwachsenen Hündin. Die Demutsgeste des jungen Hundes wird sofort verstanden, und die Situation entspannt sich augenblicklich. Dem jungen Hund wird dabei kein Haar gekrümmt.

fahrungen läßt ihn zum Außenseiter in der Gemeinschaft der Caniden werden. Im Gegensatz zu unseren Babys sind Hundewelpen weder wehrlos noch besonders schutzbedürftig, denn sie können sich bereits ihrer Umwelt mitteilen, mit ihren Artgenossen kommunizieren und sich gegebenenfalls einer Gefahr durch Flucht entziehen.

Die Mehrzahl der neurotischen, ängstlichen oder übermäßig aggressiven Hunde weist Defizite bei der Fähigkeit zur Kommunikation mit Artgenossen auf. Einen Hund auf den Arm zu nehmen, um ihm eine Begegnung mit einem Artgenossen „zu ersparen", verhindert wichtige Erfahrungen und läßt seine Fähigkeiten zur sozialen Kommunikation verkümmern. Es wird sicherlich einige Begegnungen mit anderen Hunden geben, bei denen der Junghund aus Angst oder Schreck ein lautes Quieken von sich gibt und sich zwischen die Füße seines Besitzers „rettet". Gelegentlich nehmen ältere Hunde einem Welpen gegenüber eine drohende Haltung ein, weil sie jeden Neuzugang in ihrem Revier mißtrauisch darauf prüfen, ob hier ein potentieller Konkurrent für die eigene Stellung heranwächst. Der Welpe oder Junghund wird sich angesichts einer Drohung auf den Rücken werfen, die Rute zwischen die Hinterläufe klemmen

Anschließend findet sich die erwachsene Hündin gern zu einem Spiel mit dem Welpen bereit. Auch bei späteren Zusammentreffen wird der ältere Hund erneut eine Bestätigung der Rangfolge einfordern, bevor er mit dem Welpen spielt.

und Harn absetzen. Dieser Vorgang ist keineswegs eine „schlechte Erfahrung" für den jungen Hund, sondern eine normale Interaktion mit einem ranghöheren Tier. Fordert ein erwachsener Hund den Welpen auf, seine höhere Stellung anzuerkennen, erschreckt uns oft die eindeutige, von Knurren begleitete Drohgebärde. Der erwachsene Hund stellt sich über den am Boden liegenden Welpen, fletscht die Zähne und knurrt furchterregend. Dabei wird dem Welpen aber kein Haar gekrümmt, wenn er mit einer Unterwerfungsgeste reagiert. Ein lautes Quieken des Welpen ist Teil der Unterwerfungsgeste und kein Hinweis darauf, daß er gebissen wurde. Anschließend ist der ältere Hund meistens zu einem Spiel bereit. Lassen Sie die beiden Hunde gewähren, und greifen Sie nur ein, wenn es definitiv zu einer Beißerei kommt! Auch wenn der erwachsene Hund längere Zeit mit Ihrem Welpen gespielt hat, wird er bei der nächsten Begegnung höchstwahrscheinlich wieder seine Überlegenheit demonstrieren und die Unterwerfung des Welpen einfordern.

Nach einigen Tagen, wenn sich beide Hunde kennengelernt und einige Male miteinander gespielt haben, weicht die Demonstration der Stärke einer freundlichen Begrüßung. So wird der Welpe nach und nach in die Hunde-Gemeinschaft integriert.

Welpenspielgruppen

Wenn auch jeder Ansatz, den Hund mit menschlichen Maßstäben messen zu wollen, untauglich ist und zwangsläufig zu falschen Schlüssen führt, gibt es doch einige Parallelen zwischen dem jungen Hund und einem Kind. Beide lernen am besten, indem sie ihre Umwelt spielerisch kennenlernen, und beide müssen spielen, um sich normal entwickeln zu können. Für einen Welpen bedeutet dies, möglichst häufigen und intensiven Kontakt zu anderen jungen Hunden zu haben. In jeder größeren Stadt findet sich heutzutage mindestens ein Hundeverein, der ein- bis zweimal wöchentlich eine sogenannte Welpenspielgruppe anbietet. Dieses Angebot richtet sich nicht nur an die Vereinsmitglieder, sondern an alle interessierten Welpenbesitzer. Für die Teilnahme ist von den Nichtmitgliedern ein geringer Obolus, in der Regel drei bis fünf Mark, zu entrichten. Zu diesen Zeiten haben die Welpenbesitzer den Platz für sich allein, und das Jungvolk kann nach Herzenslust herumtoben und spielen. Der Anblick von fünfzig, sechzig oder mehr herumtobenden Welpen ist das Eintrittsgeld allemal wert, vom Nutzen für den jungen Hund ganz zu schweigen. Der Ausdruck Welpengruppe ist allerdings ein wenig mißverständlich, denn das Welpenalter endet bereits mit der Vollendung der zehnten Lebenswoche. Danach gilt der Halbwüchsige als Junghund, die Welpengruppen oder Welpenspieltage sind jedoch ausschließlich für Hunde mit einem Alter zwischen drei und sechs Monaten gedacht.

Noch unsinniger ist die in letzter Zeit in Mode gekommene Bezeichnung „Prägungsspieltage", denn sie beinhaltet einen sachlichen Fehler. Die Prägungsphase des Hundes ist mit dem Erreichen der neunten Lebenswoche bereits abgeschlossen, folglich kann im vierten, fünften oder sechsten Lebensmonat keine Prägung mehr stattfinden.

Die Welpengruppen dienen aber nicht nur dem Spiel der Hunde untereinander, zwischen den Spielpausen finden normalerweise einige Übungen statt, die der Wesensentwicklung der jungen Hunde dienen. Der Kreativität sind hierbei keine Grenzen gesetzt; Ablauf und Inhalt der Übungen variieren von Verein zu Verein. Die Agility-Geräte des Vereins können hier zum Einsatz kommen, das Kriechen durch Tunnel gehört genauso zum Trainingsprogramm wie das Laufen über eine Wippe, das Erklettern eines Hindernisses oder der Sprung durch einen Reifen. Der Tunnel nimmt dem jungen Hund die Angst vor engen, dunklen Räumen, bei den anderen Geräten kann er seine Fähigkeiten zur Bewältigung verschiedenster Hindernisse entwickeln und erproben.

Bei keiner anderen Gelegenheit hat ein junger Hund die Möglichkeit, so viele verschiedene Artgenossen seiner Altersstufe kennenzulernen. Im gemeinsamen Spiel erproben die Junghunde alle arttypischen Verhaltensweisen. Der Kontakt mit fremden Hunden wird so zu einer Selbstverständlichkeit, und der selbstbewußte Umgang mit anderen Hunden wird spielerisch erlernt. Die Teilnahme an einer Welpengruppe ist eine Investition in die Zukunft des Hundes, die sich im späteren Leben tausendfach auszahlen wird.

Spielen ist wichtig!

Spielen dient nicht nur der Integration in die Hunde-Gemeinschaft, auch das Spiel mit Menschen hat große Bedeutung für die gesunde Wesensentwicklung des Hundes. Er lernt im Spiel, sich auf den Partner Mensch einzustellen, und er kann erproben, welche seiner genetisch bedingten Verhaltensweisen auf die Interaktion mit einem Menschen übertragbar sind. Der Hund wird neue Wege der Interaktion mit seinen Bezugspersonen erlernen und einige seiner ererbten Verhaltensweisen modifizieren. Weiterhin wird er die Fähigkeit entwickeln, sich auf die menschliche Laut- und Körpersprache einzustellen. Grundlage für diese Art der Kommunikation ist sein Erkennen und Verstehen. Diese Fähigkeiten können am besten im Spiel entwickelt werden, und der Hund lernt darüber hinaus vom Menschen zu lernen.

Die Lernfähigkeit des Hundes beruht nicht auf der intellektuellen Einsicht einer Notwendigkeit, wie es bei Menschen der Fall ist. Er lernt entweder, um erfolgreicher bei der Befriedigung seiner Grundbedürfnisse zu werden oder im Spiel. Das Bestreben eines Ausbilders sollte daher sein, die Aufmerksamkeit seines Hundes durch Spielen zu gewinnen und in die gewünschten Bahnen zu lenken. Der Hund wird erfreut auf diese Spielangebote eingehen: „Ein tolles Spiel – das möchte ich lernen". Im Spiel mit dem jungen Hund werden so ganz unaufdringlich die Grundlagen für seine spätere Ausbildung geschaffen.

Zuweisen einer Position im Rudel

Die Position des Hundes in der Rangordnung einer Familie oder einer anderen menschlichen Gemeinschaft muß vom ersten Tag an eindeutig geklärt werden. Der Hund hat sich dabei an unterster Stelle der Rangfolge einzuordnen. Diese Einordnung betreiben wir mit dem notwendigen Nachdruck, ohne dabei den Hund zu schikanieren oder seiner Würde zu berauben. Das Einnehmen einer niedrigen Position im Rudel ist für den Hund weder ungewöhnlich noch schadet es seiner Entwicklung oder seinem Selbstbewußtsein. Im Gegenteil, würde man aus falsch verstandener Tierliebe den Hund der Möglichkeit sich einzuordnen berauben, wären Entwicklungsstörungen und spätere Verhaltensauffälligkeiten zu erwarten. Mit antiautoritärem Verhalten tut man dem heranwachsenden Hund keinen Gefallen, sondern nimmt ihm die Möglichkeit, sich artgerecht zu entwickeln. Die Fähigkeit und das Bedürfnis zum Leben in einem hierarchisch organisierten Rudel sind bei Hunden genetisch fest verankert. Ein Welpe, der als neues Mitglied in eine Familie aufgenommen wird, ordnet sich selbst automatisch an unterster Position im Rudel ein. Würde der Hund bei seinen Artgenossen aufwachsen, müßte er sich ebenfalls allen erwachsenen Rudelmitgliedern unterordnen. Erwachsene Hunde sind im Umgang mit aufmüpfigen Halbstarken durchaus nicht zimperlich, wenn es darum geht, Unklarheiten in der Rangfolge zu beseitigen. Der Welpenschutz greift bei Konfrontationen mit erwachsenen Tieren nur, wenn der Welpe die richtigen Körpersignale zeigt. Ein weitverbreiteter Irrtum ist die Annahme, der Welpenschutz würde jede Zurechtweisung durch einen erwachsenen Hund verhindern. In Wirklichkeit müssen sich Welpen aber durchaus auch starke Zurechtweisungen gefallen lassen, wenn sie sich falsch benommen haben.

Die zweite Fehleinschätzung bezieht sich auf die Dauer des Welpenschutzes. Er dauert nicht etwa bis zum Erreichen der Geschlechtsreife, wie häufig zu lesen ist, sondern reduziert sich allmählich ab der neunten Lebenswoche. Ein normal entwickelter Welpe zeigt auf Drohgebärden oder Einschüchterungsversuche eines erwachsenen Hundes daher sofort die aktive Unterwerfungshaltung und quiekt lauthals, um eine physische Auseinandersetzung zu vermeiden. Diese Reaktion beschwichtigt den Angreifer, und er läßt von dem Welpen ab, denn er hat sein Ziel erreicht. Weigert sich der Welpe hingegen, eine Unterwerfungsgeste zu zeigen, würde ein erwachsener Hund nicht zurückstecken, sondern seiner Forderung Nachdruck verleihen. In den ersten Lebensmonaten macht der Junghund noch keine Versuche, eine bestehende Hierarchie in Frage zu stellen, aber spätestens mit dem Einsetzen der Pubertät wird er versuchen, seine Position in der Rangfolge des Rudels zu verbessern.

Dabei beobachtet der junge Hund seine Rudel- bzw. Familienmitglieder sehr genau und versucht festzustellen, wer ebenfalls eine niedrige Position hat oder

Zuweisen einer Position im Rudel

wer wenig Bereitschaft erkennen läßt, seine Position zu verteidigen. An diesem Hund oder Familienmitglied wird der Junghund nun erproben, ob er die Positionen in der Rangfolge zu seinen Gunsten umdrehen kann. In der Folge wird der Hund versuchen, sich langsam weiter die Karriereleiter hinaufzuarbeiten und eines Tages auch die Stellung des Rudelführers hinterfragen. Dieses Vorgehen ist völlig normales Hundeverhalten und findet nicht nur unter Artgenossen, sondern auch im Zusammenleben mit Menschen statt. Die Konsequenzen eines homogenen Rudelverbandes einerseits, oder mangelnder Einordnung des Hundes andererseits, sind absehbar. Ein Hund, der sich seinem Ausbilder gegenüber in überlegener Position wähnt, wird folgerichtig auch keine Veranlassung sehen, sich durch die Übernahme gewünschter Verhaltensweisen ausbilden zu lassen. Statt auf die Forderungen seines Rudelführers einzugehen, wird er durch gezielten Ungehorsam, im schlimmsten Fall sogar durch aggressives Verhalten, seine einmal erreichte Position verteidigen. Die Fehler, die während der Einordnung des Junghundes gemacht wurden, und die zunächst scheinbar ohne negative Konsequenzen blieben, zeigen ihre Resultate dafür um so deutlicher, wenn der Hund seine Erwachsenenreife erlangt hat.

Ein Welpe, wie gesagt, ordnet sich zunächst einmal von selbst unterhalb aller Familienmitglieder in die Gemeinschaft ein, es sein denn, wir nehmen ihm diese Möglichkeit durch falsches Verhalten. Im Laufe der nächsten Monate wird der Hund testen, ob eine Verbesserung seiner Position möglich ist. Auf diese Versuche muß der Hundehalter vorbereitet sein, denn sie kommen zumeist völlig überraschend, und der Hund erwischt uns eventuell auf dem falschen Fuß. Da die ersten Anzeichen einer „Rangordnungsdebatte" häufig nicht richtig interpretiert werden oder dem Verhalten des Hundes durch Unkenntnis keine Bedeutung beigemessen wird, zähle ich ein paar typische Beispiele für Rangordnungskämpfe zwischen Mensch und Hund auf:

Der Hund legt sich auf die angestammten Plätze seiner Besitzer auf Couch, Bett oder Sessel und bleibt demonstrativ liegen, wenn er zum Verlassen des Platzes aufgefordert wird. Der Hintergrund für dieses Verhalten liegt in der Rudelordnung der Wölfe. Nur der Alpha-Wolf (Leittier) hat Anspruch auf einen bestimmten Platz in der Höhle. Ist der Alpha-Wolf anwesend, darf kein rangniederer Wolf seinen Platz in Beschlag nehmen. Er würde von seinem Rudelführer unverzüglich durch Drohgebärden oder einen tätlichen Angriff verscheucht. Das Verhalten des Hundes zielt also darauf ab, zu testen, ob sein Rudelführer willens und in der Lage ist, seinen Platz zu verteidigen. Tun er dies nicht, hat ihm der Hund eine Niederlage beigebracht, und er wird die Position seines Rudelführers zukünftig verstärkt in Frage stellen.

Der Hund nimmt von einer Bezugsperson einen Knochen oder einen Hundekuchen an, läßt ihn sich aber nicht mehr wegnehmen. Alle Versuche, den Knochen zu greifen, beantwortet der Hund mit ei-

69

nem Knurren oder schnappt sogar nach der Hand. In diesem Fall ist das Kind bereits in den Brunnen gefallen, und Erziehungsmaßnahmen sind bei ausgewachsenen Hunden großer Rassen nicht mehr ganz ungefährlich. Machen Sie daher schon ab dem Welpenalter mit dem Hund folgende Übung: Geben Sie Ihrem Hund einen Kauknochen, und nehmen Sie ihm den Knochen wieder weg, wenn ihn der Hund eine Weile bearbeitet hat. Die Wegnahme soll weder heimlich, noch durch eine hastige Bewegung erfolgen. Sprechen Sie gelassen mit dem Hund, greifen Sie dabei den Knochen, und entfernen Sie ihn aus der Reichweite des Hundes. Macht der Hund einen Versuch, Ihnen den Knochen zu entreißen oder zeigt er seinen Unwillen durch Knurren, geben Sie als Lautzeichen ein scharfes „Nein!", fassen Sie den Hund mit der freien Hand im Genick und drücken ihn zu Boden. Dabei kann der Hund mit erhobener Stimme und in drohendem Tonfall angesprochen werden. Nach einer Wartezeit von mindestens dreißig Sekunden erhält der Hund den Knochen zurück und wird gelobt. Diese Übung sollte im Abstand von einigen Tagen solange wiederholt werden, bis sich der Hund jeden Gegenstand von seinen Bezugspersonen ohne Widerstand wegnehmen läßt. Auch später erinnert die gelegentliche Wegnahme von Futter oder Spielzeug den Hund an die Rechte seines Rudelführers.

Im Zusammenhang mit der Verteidigung des Futters hat sich vor einigen Jahren ein schlimmer Unfall ereignet. Eine vierköpfige Familie hatte sich einen Deutschen Schäferhund angeschafft. Der aus einer guten Zucht stammende Rüde ließ sich schon im Alter von vier Monaten kein Leckerchen mehr von seinen Familienmitgliedern wegnehmen. Alle derartigen Versuche beantwortete der Hund mit deutlich gezeigter Angriffsbereitschaft, und die Besitzer amüsierten sich nicht ohne Stolz, wie selbstbewußt und verteidigungsbereit das süße, kleine Kerlchen ist. Allen Warnungen zum Trotz nahmen die Hundehalter keine Korrektur dieses Verhaltens vor. Innerhalb weniger Monate war aus dem süßen, kleinen Welpen ein erwachsener Schäferhund beachtlicher Größe geworden. Das Ende der Geschichte ist schnell erzählt.

Eines Tages wurde die neunjährige Tochter der Familie von dem Hund angegriffen und nicht unerheblich verletzt, als sie sich ohne böse Absicht dem noch nicht geleerten Futternapf des Hundes näherte. Die Tochter verbrachte einige Tage im Krankenhaus, der Hund wurde am folgenden Tag eingeschläfert. Beiden hätte ihr Schicksal erspart bleiben können, wenn die Besitzer des Hundes das kleine Einmaleins der Hundehaltung beherrscht oder sich rechtzeitig über die Konsequenzen ihres Verhaltens Gedanken gemacht hätten.

Unerfahrene Hundehalter machen bei der Beurteilung des Verhaltens Ihres jungen Hundes häufig einen Denkfehler, indem sie den Hund an menschlichen statt an hündischen Kriterien messen. Von einem Menschen wissen wir, daß er mit zunehmenden Alter verständiger wird und eine Einsichtsfähigkeit in Notwendigkei-

Zuweisen einer Position im Rudel

ten entwickelt, die dem Kind noch fehlt. Daher sind wir geneigt, dem Kind Verhaltensweisen durchgehen zu lassen, die wir einem Erwachsenen nicht mehr zubilligen würden. Der Hund hingegen zieht aus den im Welpenalter erlaubten Verhaltensweisen Rückschlüsse auf die Rangordnung im Rudel und verteidigt erreichte Positionen vehement, wenn er älter wird. Lassen Sie deshalb niemals den Eindruck zu, die Position des Rudelführers könnte zur Disposition stehen, zeigen Sie Durchsetzungsvermögen, wenn der Hund Ihre Anordnungen mißachtet, und betreiben Sie mit der natürlichen Autorität des Rudelführers die Einordnung des Hundes. Ich will hier den Tyrannen unter den Hundebesitzern keinesfalls das Wort reden, die Behandlung des Hundes soll jederzeit angemessen, fair und frei von Schikane jeglicher Art sein. Es versteht sich von selbst, daß wir den Hund nicht drangsalieren oder ihn zur Duckmäuserei zwingen; die Einordnung hat den ausschließlichen Zweck, die Grundlage für ein entspanntes und sicheres Zusammenleben und eine erfolgreiche Ausbildung zu schaffen. Welche Möglichkeiten gibt es, dem Hund auf natürliche Art und Weise eine Position in der Rangfolge zuzuweisen? In vielen, scheinbar unbedeutenden Situationen des Alltags können Sie dem Hund Ihre Position als Rudelführer begreiflich machen.

- Lassen Sie den Hund einige Sekunden vor der Wohnungstür sitzen, während Sie die Wohnung – seine „Höhle" – bereits betreten haben.
- Lassen Sie nicht zu, daß sich der Hund auf Ihren angestammten Plätzen breit macht.
- Geben Sie nicht jeder Aufforderung des Hundes zum Spielen nach, der Rudelführer entscheidet, wann gespielt, gejagt oder geruht wird. Schicken Sie den Hund gelegentlich weg, wenn er Sie zum Spiel auffordert, warten Sie einige Minuten und fordern Sie dann Ihrerseits den Hund zum Spielen auf. Sinngemäß gilt dies auch für das Initiieren aller anderen Sozialkontakte wie Streicheln, Schmusen etc.
- Nehmen Sie von Zeit zu Zeit den Gegenstand, mit dem sich der Hund gerade beschäftigt, Futter oder Spielzeug, für einen Moment weg und loben Sie den Hund, wenn er die Wegnahme zuläßt.
- Fordert Sie der Hund zur Futtergabe auf, lassen Sie ihn ebenfalls eine kurze Zeit warten, bevor Sie ihn zur Fütterung an seinen Napf rufen.
- Weisen Sie den Hund für einige Minuten aus dem Zimmer, wenn er Ihrer Aufforderung, das Betteln bei Tisch oder aggressives Gehabe gegen Ihre Besucher zu unterlassen, nicht nachkommt. Ein Platzverweis wirkt häufig Wunder und wird vom Hund als schwere Strafe angesehen!

Besuche beim Tierarzt

Zu den unangenehmsten Erfahrungen eines Welpen gehören die ersten Besuche beim Tierarzt. Der junge Hund ist noch recht schreckhaft und noch nicht so schmerzunempfindlich wie ein ausgewachsenes Tier. Die Untersuchungen und die unvermeidlichen Spritzen behält der Hund möglicherweise als negative Erfahrungen im Gedächtnis. Auch in diesem Punkt werden in der wichtigen Entwicklungsphase zwischen dem dritten und sechsten Lebensmonat die Weichen für das ganze Leben gestellt. Viele Hunde zeigen als Reaktion auf negative Erfahrungen zeitlebens eine ausgeprägte Abneigung gegen den Gang zur Tierarztpraxis. Fast bei jedem Tierarztbesuch kann man im Wartezimmer vor Angst zitternde Hunde beobachten. Die größten Raufbolde und Rauhbeine unter den Hunden sind im Wartezimmer des Tierarztes mitunter kaum wiederzuerkennen. Die vergeblichen Bemühungen mancher Hundebesitzer, ihren vierbeinigen Liebling mit vereinten Kräften durch die Eingangstür zu bugsieren, geben zur allgemeinen Erheiterung Anlaß und verkürzen den anderen die Wartezeit. In beiden Fällen ist der Hund erheblichem Streß ausgesetzt, und seine Phobie erhält so bei jedem Arztbesuch weitere Nahrung. Ist die Abneigung des Hundes gegen den Tierarzt vielleicht für die Jahresimpfung noch zu bewältigen, gerät der Hundehalter unversehens in Schwierigkeiten, wenn sein Hund einmal ernsthaft erkrankt und häufige Tierarztbesuche notwendig werden. Der Entwicklung einer Phobie vor Arztbesuchen kann man durch die Beachtung einiger Grundregeln vorbeugen. Zunächst ist es wichtig, daß der Hundehalter selbst keine Angst, Unruhe oder Unsicherheit empfindet. Diese Empfindungen übertragen sich unvermeidlich auf den Hund, wobei keine Rolle spielt, ob der Besitzer sich sein Unwohlsein anmerken läßt oder nicht. Mit gutem Zureden wie „Es wird schon nicht so schlimm werden, mein armer, kleiner Liebling ...", um den Hund zu beruhigen, bewirkt man genau das Gegenteil. Der Hund spürt, daß er sich in einer besonderen Situation befindet und nimmt seine Umwelt in diesem Moment mit erhöhter Sensibilität wahr. Ein aus dem Behandlungszimmer ertönendes Jaulen erhält dadurch eine besonders große Bedeutung. Besser ist es, den Gang in die Tierarztpraxis mit der gleichen Selbstverständlichkeit anzutreten wie den Gang zum Bäcker oder Zeitungskiosk. In der Praxis kann durch eine ganz normale Unterhaltung mit anderen Anwesenden eine entspannte Atmosphäre erzeugt werden.

Um den Welpen an Tierarztbesuche und Untersuchungsmethoden zu gewöhnen, ist es sinnvoll, während des dritten und vierten Lebensmonats mehrmals den Tierarzt aufzusuchen, obwohl gar keine Behandlung notwendig ist. Ein guter Tierarzt wird Ihr Engagement begrüßen und Ihnen für diese Besuche keine Reichtümer abknöpfen. Er wird diese zusätzlichen Untersuchungen eher als Investition in die zukünftig nötigen Behandlungen sehen. Dies gilt vor allem, wenn Sie einen großen, verteidigungsbereiten Hund haben. Bei diesen Arztbesuchen haben Sie die Möglichkeit, die Erlebnisse in der Tierarztpraxis stets positiv für den Junghund zu gestalten. Einmal schaut der Tierarzt in die Ohren, beim nächsten Mal in die Schnauze, ein anderesmal wird die Körpertemperatur gemessen und der Thorax abgetastet. Bei jedem dieser Besuche sollte der Welpe gewogen und das Gewicht für spätere Vergleiche notiert werden.

Neben der Gewöhnung an die Atmosphäre der Tierarztpraxis gewöhnt sich der Hund auch daran, die Berührung durch fremde Personen zuzulassen. Jede dieser kurzen und schmerzlosen Untersuchungen wird mit der Gabe eines Lekkerchens abgeschlossen, und der Hund tritt den Heimweg mit dem Eindruck an, heute etwas Interessantes und Angenehmes erlebt zu haben. Der Lohn der Mühe ist ein Hund, der Sie auch ohne Leine bis vor die Tür der Arztpraxis begleitet und im Wartezimmer durch seine deutlich sichtbare Gelassenheit für Gesprächsstoff sorgt. Hat der Hund im Welpenalter stets positive Eindrücke beim Tierarzt gesammelt, wird er auch die (hoffentlich nicht notwendigen) Behandlungen im Erwachsenenalter verzeihen, ohne seine positive Grundtendenz aufzugeben. Auch hier gilt wieder einmal: Jeder hat den Hund, den er verdient!

Wählen Sie Ihren Tierarzt mit Bedacht, denn auch bei den Mitgliedern dieser Zunft gibt es durchaus Qualitätsunterschiede. Manche Tierärzte lassen es an Einfühlungsvermögen mangeln, sind ungeduldig oder nehmen wenig Rücksicht auf den Hund, wenn es ihrer Zeitersparnis dient. Einige wenige haben schlicht und einfach Angst vor großen Hunden. Diese Zeitgenossen möchten dann dem Hund auch für einfache Untersuchungen die Schnauze fesseln oder sind flugs mit einem Sedativ zur Hand. Der Hundebesitzer sollte sich nicht scheuen, im Behandlungszimmer auf dem Absatz kehrt zu machen, wenn solche Ansinnen ohne zwingende Notwendigkeit an ihn herangetragen werden. Der Schaden, der dadurch völlig unnötigerweise bei dem Hund verursacht werden kann, wiegt schwerer als ein vergrätzer Tierarzt oder der Verlust einer Stunde Wartezeit.

Erste Übungen mit dem Welpen

Schon ab dem Tag, an dem der Welpe ins Haus kommt, lassen sich einige Übungen durchführen, die seiner Altersstufe angepaßt sind und ihn auf eine spätere Ausbildung vorbereiten. Es versteht sich von selbst, daß die ersten kleinen Übungen grundsätzlich spielerischen Charakter haben müssen und keinesfalls monoton wiederholt werden dürfen. Die angesprochene Gewöhnung an Haus, Familie, Halsband und Leine stehen zunächst im Vordergrund, und der Freiraum des Hundes, seine Umgebung kennenzulernen, wird von uns auf keinen Fall durch Übungen eingeschränkt. Wenn der Welpe sein Geschäft verrichtet hat, gibt es aber sicherlich Gelegenheit, ihn auf eine nahegelegene Wiese zu führen. Nehmen Sie einen Ball, ein Stück Seil oder anderes Hundespielzeug und eine Handvoll

Trockenfutter für Welpen mit. Zunächst wird der Welpe von den neuen Gerüchen und Eindrücken überwältigt sein und die Wiese ausführlich erkunden. Schon bald aber wird ihm dieser Platz vertraut sein, und die ersten Übungen können beginnen. Rufen Sie Ihren Hund aus kurzer Entfernung mit seinem Namen, und locken ihn dabei mit einem Spielzeug. Der Welpe reagiert in diesem Alter bereits sehr gut auf optische und akustische Reize, und er wird zu Ihnen kommen, um das Spielzeug zu untersuchen. Loben Sie den Hund ausgiebig, wenn er bei Ihnen eintrifft, und spielen Sie solange mit ihm, bis er sein Interesse einem anderen Reiz zuwendet. Nach einiger Zeit wiederholen Sie die Übung und bieten Sie dem Welpen, falls er kein Interesse mehr an dem Spielzeug zeigt, ein Stückchen Trockenfutter an. Bei dieser Übung gewöhnt sich der Welpe an seinen Namen und lernt, daß er mit einem positiven Erlebnis rechnen kann, wenn er auf Zuruf zu Ihnen kommt. Betrachten Sie diese Übung als Spiel, nicht als Ausbildung, und wiederholen Sie deshalb die Übung nicht zu häufig. Machen Sie keine Versuche, den jungen Hund zu tadeln, wenn er nicht sofort zu Ihnen kommt und lieber ein Gänseblümchen oder einen Regenwurm beschnuppert. Im Laufe der nächsten Tage kann der Abstand, aus dem der Welpe gerufen wird, weiter vergrößert werden. Schon nach kurzer Zeit wird sich der Hund freudig nähern, wenn ihn sein Besitzer zu sich ruft.

Nach zwei oder drei Wochen ist es Zeit für den ersten Spaziergang im Wald. Wählen Sie einen Ort, der ein gutes Stück von der nächsten Straße entfernt liegt und an dem Sie nicht ständig anderen Hunden begegnen. Lassen Sie den Welpen ohne Leine laufen, er soll daran gewöhnt werden, Ihnen zu folgen und sich an Ihrem Bewegungstempo zu orientieren. Rufen Sie den Welpen, wenn er zurückbleibt oder vom Weg abweicht und loben ihn ausgiebig, wenn er auf Ihren Ruf reagiert. Sie werden nicht lange warten müssen, bis ein Geruch oder ein Gegenstand den Welpen so fasziniert, daß er Ihren Ruf nicht beachtet. Es wäre nun falsch, mit steigender Intensität den Hund in immer kürzeren Abständen zu rufen, gehen Sie statt dessen lieber einfach weiter. Wenn der Abstand zwischen Ihnen und dem Hund auf ungefähr zwanzig Meter angewachsen ist, und der Welpe keine Anstalten macht, Ihnen zu folgen, verstecken Sie sich hinter einem Baum. Warten Sie geduldig, bis der Hund das Interesse an dem Gegenstand verliert, und rufen Sie ihn erneut aus Ihrem Versteck. Der Welpe wird nun überrascht feststellen, daß er den Anschluß an sein Rudel verloren hat und beginnen, Sie zu suchen. Zumeist setzt sich ein junger Hund nach kurzer Suche hin und beginnt zu jammern. Bleiben Sie noch einen Moment in Ihrem Versteck und ertragen Sie die Angst Ihres kleinen Lieblings des Lernerfolges wegen. Er hat gerade die Erfahrung gemacht, daß er den Anschluß an sein Rudel verliert, wenn er den Kontakt abreißen läßt. Nach zwei oder drei Minuten gehen Sie auf Ihren Welpen zu und begrüßen ihn freudig, wie nach einer längeren Tren-

Erste Übungen mit dem Welpen

nung. Auch der Welpe wird seine Freude deutlich zeigen. Geben Sie ihm ein Lekkerchen, und lösen Sie die Spannung, indem Sie beruhigend mit dem kleinen Hund sprechen. Spielen Sie einen Moment mit Ihrem Hund. Meist genügen ein oder zwei Erfahrungen dieser Art, und der Hund wird emsig darauf bedacht sein, Sie nicht aus den Augen zu verlieren. Dadurch können Sie Ihre Stimmbänder zukünftig spürbar schonen.

Auch in späteren Ausbildungsphasen ist es günstiger, wenn Sie ihren Weg fortsetzen, anstatt endlos nach Ihrem abgelenkten Hund zu rufen. Solange der Hund Ihre Stimme hört, weiß er Sie in der Nähe und gibt sich, da er nicht fürchten muß, den Anschluß an Sie zu verlieren, ganz dem anderen Reiz hin. Sie werden sehen – diese Methode ist erfolgreicher als die längste Gardinenpredigt oder die härteste Strafe.

Das Kontakthalten mit seinem Besitzer kann der Hund schon im Welpenalter lernen.

Übungen zur Ausbildung

Gewöhnung an Verkehrs- und Umweltgeräusche

Mindestalter:	Vollendete 8. Lebenswoche.
Übungsdauer:	5–20 Minuten. 1- bis 2mal täglich.
Übungsziel:	Der Hund soll bei Umweltgeräuschen keine Angst zeigen.
Hilfsmittel:	Halsband, Leine, einige Leckerchen.

Diese Übung ist Teil des normalen Ausbildungsprogrammes für Welpen und Junghunde. Sie bereitet in der Regel keine Schwierigkeiten. Der junge Hund hat noch keine negativen Erfahrungen gemacht, die zu ängstlichen Reaktionen führen könnten. Bei ihm soll lediglich eine Gewöhnung an permanente Umweltreize stattfinden. Auch bei älteren Hunden kann eine Gewöhnung an einen neuen Lebensraum notwendig werden, zum Beispiel wenn der Hund aus dem Tierheim stammt oder an einem abgelegenen Ort aufgewachsen ist.

Gehen Sie mit dem angeleinten Hund eine mäßig befahrene Straße entlang. Zeigt der Hund Unwohlsein, wenn Kraftfahrzeuge vorbeifahren, suchen Sie sich einen Platz, wo Sie sich hinsetzten können. Lassen Sie den älteren Hund eng neben sich sitzen, nehmen Sie einen Welpen auf den Arm. Sprechen Sie mit ruhiger Stimme zu Ihrem Hund und streicheln Sie ihn dabei, zeigen Sie ihm, daß Sie völlig entspannt sind. Geben Sie ihm Zeit, alle Objekte zu beobachten, die sein Interesse erregen. Lockern Sie die Stimmung gelegentlich mit einem Leckerchen auf. Nimmt er das Leckerchen an, ist das Problem schon halb gelöst, denn ein unter Angstzuständen leidender Hund würde angebotenes Futter ablehnen. Wiederholen Sie diese Übung, bis der Hund auf die vorhandenen Geräusche oder die sich bewegenden Fahrzeuge nicht mehr reagiert und sich von selbst nach einiger Zeit hinlegt, wenn Sie auf einer Bank Platz nehmen. Von diesem Zeitpunkt an sollten Sie eine Straße mit ähnlich hohem Verkehrsaufkommen bei jedem Spaziergang ansteuern. Ein Hund, der zunächst ängstlich reagiert hat, gewöhnt sich im Normalfall innerhalb von ein bis zwei Wochen an den Verkehr. Nun können Sie eine stärker befahrene Hauptstraße aufsuchen und testen, wie der Hund dort reagiert.

Für Fortgeschrittene empfiehlt sich der Aufenthalt gegenüber einer Feuerwache, bis ein Löschzug mit Blaulicht und Martinshorn ausrückt. Gerade die Gewöhnung an nur sporadisch auftretende, laute Geräusche ist wichtig für die Umweltsicherheit des Hundes. Ansonsten besteht die Gefahr, daß der Hund eines Tages in

Panik gerät und auf die Straße läuft, wenn ein Rettungsfahrzeug an Ihnen vorbeifährt. Sinngemäß gilt diese Übung natürlich auch für andere Umweltgeräusche Ihres Wohnortes. Ein Sägewerk kommt dabei als Geräuschquelle genauso in Frage wie das Pfeifen der Lokomotive auf einer nahen Bahnstrecke. Brechen Sie die Gewöhnung an Umweltgeräusche nicht vorzeitig ab, weil der Welpe anfänglich überhaupt keine Angst zeigt. Bis zu einer individuell variablen Altersgrenze, meist zwischen dem vierten und fünften Lebensmonat, sind Hunde fast frei von Angst vor Umwelteinflüssen. Ist der Hund bis zu diesem Alter aber nicht an die Geräusche gewöhnt, kann er zur Überraschung seiner Besitzer nun plötzlich ängstlich reagieren.

Laufen an der Leine

Mindestalter:	Vollendete 10. Lebenswoche.
Übungsdauer:	5–20 Minuten. Mehrmals täglich.
Übungsziel:	Der Hund lernt, ohne Ziehen und Zerren an der Leine zu gehen.
Hilfsmittel:	Halsband bzw. Gliederkette, Leine.

Die Grundübungen sollen mit der schon angesprochenen Gliederkette durchgeführt werden, wenn der Hund bereits über vier Monate alt ist. Bis dahin tut es das Welpenhalsband. Die Wahl der Leine spielt keine entscheidende Rolle für den Erfolg der Übungen, solange es sich nicht um eine Leine mit Abrollautomatik handelt. Gut geeignet sind alle handelsüblichen Kunststoff- und Lederleinen mittlerer Länge.

Für die ersten Trainingsstunden ist ein Gelände geeignet, das der Hund gut kennt und in dem nur wenig äußere Reize auf den Hund einwirken. Vor Beginn der Übungen soll der Hund sein Geschäft verrichtet und seinen Bewegungsdrang befriedigt haben. Rufen Sie den Hund zu sich, lassen Sie ihn sich setzen und legen Sie die Leine an! Bevor Sie sich nun mit dem Hund in Bewegung setzen, geben Sie das Lautzeichen „Frei!" und laufen etwa eine Sekunde danach los. Die Reihenfolge Ihrer Aktionen ist sehr wichtig, zuerst ertönt immer das Lautzeichen und erst danach folgt Ihre Bewegung! Das Lautzeichen „Frei!" kann sowohl mit wie auch ohne Leine benutzt werden. Der Unterschied im Bewegungsspielraum ist nicht entscheidend, der Hund versteht den Unterschied schnell. Dafür benutzen wir im Laufe der Ausbildung nur zwei verschiedene Lautzeichen, um dem Hund das Aufstehen aus sitzender oder liegender Stellung zu genehmigen: „Fuß!" und „Frei!". Die Einführung eines dritten Lautzeichens zur Freigabe des Leinenradius bringt keinen Gewinn.

Der Hund darf nun den Leinenradius ausschöpfen, aber niemals die Leine unter deutlich spürbare Spannung setzen. Schon nach wenigen Metern wird sich die Leine merklich straffen, wenn der Hund sein Interesse einem Objekt außerhalb des Leinenradius zuwendet. Reagieren Sie unverzüglich mit dem deutlich gegebenen Lautzeichen „Nein!". Wiederum etwa eine Sekunde nach dem Lautzeichen geben Sie einen kurzen, trockenen Ruck an der Leine, wenn der Hund den Zug auf das Lautzeichen hin nicht verringert hat. Sofort nach dem Ruck wird die Leine wieder lockergelassen. Diese Korrektur wird nun immer wiederholt, wenn der Hund Zug auf die Leine bringt. Anfänglich werden die Abstände zwischen zwei Korrekturen noch sehr kurz sein, aber innerhalb weniger Tage ist schon ein Lernerfolg des Hundes zu beobachten. Die Kraft, die für den Ruck an der Leine aufwendet wird, soll sich an der Wirkung auf den Hund orientieren. Zeigt sich der Hund von einer Korrektur unbeeindruckt und erhält den Zug aufrecht, muß die Intensität des Rucks erhöht werden. Als Faustregel gilt: Der Ruck soll so schwach wie möglich, aber so stark wie nötig sein. Der Krafteinsatz war ausreichend, wenn der Hund vom Objekt seiner Begierde unverzüglich abläßt. Ein gewaltsamer Einsatz an der Leine, der den Hund ins Strauchen bringt, sollte nur in Ausnahmefällen erfolgen, etwa wenn der Hund trotz mehrfacher Korrektur nicht von einem Objekt ablassen will.

Je genauer der Ablauf der Korrektur (Lautzeichen – kurze Pause – Ruck an

Das Ziehen an der Leine läßt sich dem Hund schnell abgewöhnen. Immer wenn der Hund die Leine unter spürbare Spannung setzt, reagiert der Hundeführer mit dem Lautzeichen „Nein!" und läßt einen Ruck mit der Leine folgen. Sowie der Hund den Zug verringert, wird er gelobt.

der Leine) eingehalten wird, desto schneller stellt sich ein Lernerfolg des Hundes ein. Sie werden sich bald dabei ertappen, daß Sie, wenn Sie die Korrektur unvorbereitet geben müssen, die Reihenfolge versehentlich umdrehen, Lautzeichen und Einwirkung gleichzeitig geben oder das Lautzeichen schlicht und einfach vergessen. Sie werden überrascht sein, wieviel Konzentration Ihnen die richtige Korrektur bei dieser einfachen Übung in der Praxis abverlangt. Variieren Sie bei dieser Übung gelegentlich Ihr Gehtempo, damit der Hund lernt, sich an Ihrem Bewegungstempo zu orientieren. Nach und nach können Sie Tempi vom betont langsamen Schlendern bis zum forschen Spazierschritt mit Ihrem Hund üben. Innerhalb weniger Wochen werden so, konsequentes Training vorausgesetzt, selbst hartnäckige „Leinenzerrer" zu angenehmen Begleitern in allen Alltagssituationen.

Laufen in Menschenmengen

Mindestalter:	Ab der 10. Lebenswoche.
Übungsdauer:	Etwa 10 Minuten, gelegentlich wiederholen.
Übungsziel:	Sicherer Umgang mit größeren Menschenmengen.
Hilfsmittel:	Halsband, Leine.

Oft ist es notwendig, vor allem wenn Sie in einer größeren Stadt leben, den Hund in eine Fußgängerzone, auf einen Markt oder in einen anderen von Passanten stark frequentierten Bereich mitzunehmen. Die bei diesen Gelegenheiten an Ihnen vorbeihastenden, teilweise mit Tüten oder Paketen beladenen Menschen können auf einen Hund bedrohlich wirken, wenn er keine Erfahrungen mit solchen Situationen hat. Der Junghund sollte von seinem Besitzer gelegentlich auf solche belebten Plätze mitgenommen werden. Die Übung kann auch mit einem älteren Hund durchgeführt werden, wenn er beim Durchqueren einer dichten Menschenmenge Anzeichen von Verunsicherung oder aggressivem Verhalten erkennen läßt. Das Lernprinzip bei dieser Übung ist wieder einmal die Reizgewöhnung. Der junge Hund wird dem Reiz „Menschenmenge" solange ausgesetzt, bis er das Vorhandensein vieler anderer Personen nicht mehr als Bedrohung empfindet. Nicht nur die Anwesenheit vieler Menschen auf engem Raum wird dabei für den Hund zur Selbstverständlichkeit, sondern er lernt auch ihr typisches Verhalten in solchen Situation kennen. Nicht nur der seine Produkte lauthals anpreisende Marktschreier kann auf einen ungeübten Hund bedrohlich wirken, sondern auch eine plötzlich an Sie herantretende Person, die Ihnen einen Werbezettel überreichen möchte oder ein Passant, der Sie versehentlich anrempelt. Nur durch Erfahrungen mit diesen alltäglichen Begegnungen entwickelt der Hund nach und nach das notwendige Urteilsvermögen, um ungefährliche Situationen als solche zu erkennen und nicht grundlos eine Verteidigungshaltung einzunehmen.

Führen Sie Ihren angeleinten Hund durch eine von vielen Passanten besuchte Gegend. Lassen Sie den Hund eng an Ihrer linken Seite laufen und achten Sie darauf, daß er nicht versehentlich von vorbeigehenden Personen getreten wird. Beobachten Sie die Stellung der Rute Ihres Hundes – trägt er sie auffällig gesenkt oder sogar zwischen den Hinterläufen, steuern Sie einen Bereich an, in dem die Menschenmenge nicht ganz so dicht ist. Auch das Gefühl der Bedrohung wird der Hund durch eine entsprechende Rutenhaltung anzeigen. Alle Versuche, eine entgegenkommende Person anzubellen, anzuspringen oder in sonstiger Form anzugehen, unterbinden Sie mit einem kräftigen Ruck an der Leine und verbalem Tadel. Lassen Sie den Hund innerhalb der Menschenmenge mehrfach „Sitz" und „Platz" machen. Erwünschtes Verhalten soll durch Lob und ein gelegentliches Leckerchen belohnt werden.

Begegnungen mit Radfahrern und Joggern

Mindestalter:	Ab der 13. Lebenswoche.
Übungsdauer:	Beliebig während der Spaziergänge.
Übungsziel:	Der Hund lernt, daß er keine anderen Personen angehen darf.
Hilfsmittel:	Gliederhalsband, Leine.

Mit einem Welpen gibt es in dieser Hinsicht natürlich noch keine Probleme, aber für nicht wenige Hundebesitzer gerät der Familienausflug am Wochenende zum Spießrutenlaufen, weil sich ihr Hund aggressiv gegenüber Radfahrern, Joggern, Skateboardfahrern oder anderen Spaziergängern zeigt. Die sich daraus ergebende, ständige Konfrontation mit den Betroffenen kann die Freude an der Hundehaltung schnell zunichte machen. Als Ursache für dieses Verhalten kann die instinktive Verteidigungsreaktion des Hundes auf Personen angesehen werden, die sich abnormal verhalten, bewegen oder schlicht und einfach nur fremdartig aussehen.

Zur Korrektur dieses Verhaltens sollte der Hundeführer eine Gegend wählen, in der er alle paar Minuten eine Begegnung mit einem Radfahrer oder Jogger erwarten kann. Der Hund bleibt bis zum erfolgreichen Abschluß des Trainings bei diesen Übungen angeleint, damit der Hundehalter jederzeit die Möglichkeit zur unmittelbaren Einwirkung hat. An dieser Stelle muß ich Ihnen nochmals die Verwendung einer Gliederkette ans Herz legen. Der Vorteil der Gliederkette gegenüber einem Leder- oder Kunststoffhalsband liegt in der fehlenden Elastizität. Jede Einwirkung, die der Hundeführer mit der Leine gibt, wird völlig verzögerungsfrei an den Hund weitergegeben. Ein elastisches Halsband hingegen strafft sich erst nach einer geringen Verzögerung, die dem Hund aber als Vorwarnung genügt, um seine Halsmuskeln zu straffen und sich auf die Einwirkung vorzubereiten. Der größte Teil des Effekts, den wir erzielen

Begegnungen mit Radfahrern und Joggern

wollen, geht so verloren. Bahnt sich nun eine Begegnung mit einer Person an, auf die der Hund in der Vergangenheit aggressiv reagiert hat, soll sich der Hundeführer völlig passiv verhalten. In dem Moment, in dem der Hund den Radfahrer oder Jogger angehen will, reagiert der Hundeführer mit einem starken Ruck an der Leine. Dabei soll er weder ein Lautzeichen geben noch durch irgendeinen Kommentar auf sich aufmerksam machen. Auch nach erfolgter Korrektur soll der Hundeführer den Hund weder ansehen noch ansprechen. Am besten gibt sich der Hundeführer völlig unbeteiligt, gerade so, als habe er den ganzen Vorfall nicht bemerkt. Um eine nachhaltige Wirkung zu erzielen, soll der Ruck an der Leine so stark sein, daß er vom Hund eindeutig als unangenehm empfunden wird. Die Stärke eines Rucks an der Leine ist dann optimal, wenn der Hund Mühe hat, das Gleichgewicht zu behalten. Ein zu zaghaftes Ziehen an der Leine hingegen bringt keinen Lernerfolg, der Hund strafft lediglich seine Halsmuskulatur und fängt den Ruck völlig unbeeindruckt ab.

Begegnungen mit sich schnell nähernden Radfahrern und Joggern können sowohl den Beutetrieb des Hundes als auch

Begegnungen mit sich schnell nähernden Radfahrern und Joggern können sowohl den Beutetrieb des Hundes als auch seinen Schutzinstinkt ansprechen. In beiden Fällen muß der Hund an den Reiz gewöhnt werden, indem der Hundeführer mit Lob, Tadel und Korrektur seinem Vierbeiner das erwünschte Verhalten vermittelt.

seinen Schutzinstinkt ansprechen. In beiden Fällen muß der Hund an den Reiz gewöhnt werden, indem der Hundeführer mit Lob, Tadel und Korrektur seinem Vierbeiner das erwünschte Verhalten vermittelt.

Durch den von keiner Reaktion begleiteten Ruck an der Leine wird bei dem Hund der Eindruck erzeugt, die für ihn unangenehme Erfahrung des Strauchelns sei eine direkte Konsequenz seiner Attacke und keine Zurechtweisung des Hundeführers. Der Vorteil der indirekten Einwirkung liegt auf der Hand: auch wenn der Hund später abgeleint unterwegs ist, wird er die betreffenden Personen nicht angehen. Verbindet er hingegen die Einwirkung mit seinem Hundeführer, wird er sich nur solange passiv verhalten, wie er angeleint geführt wird und eine weitere Korrektur befürchten muß.

Aufnahme von Gegenständen

Mindestalter:	12. Lebenswoche.
Übungsdauer:	Mehrmals täglich.
Übungsziel:	Der Hund läßt aufgenommene Objekte auf Zuruf fallen.
Hilfsmittel:	Halsband, Leine, Fährtenleine, einige Leckerchen.

Im Welpenalter hat der Hund das Bestreben, alle ihm unbekannten Gegenstände in seine Schnauze zu nehmen, um sie durch Betasten mit der Zunge und Belecken kennenzulernen. Eicheln, Tannenzapfen und Stöckchen aller Formen und Größen nimmt der junge Hund mit Begeisterung auf und trägt sie einige Zeit spazieren. Dieses Verhalten dient der Erforschung der Umwelt und gehört zur normalen Entwicklung des Hundes. Solange es sich um harmlose Objekte handelt, die keine Gefahr für den Hund darstellen, sollte ihm die Beschäftigung mit solchen Gegenständen gestattet werden. In der Reifephase verliert sich dieses Verhalten weitgehend, ohne daß der Hundehalter erzieherisch einwirken müßte. Dennoch kann es nötig werden, dem Hund die Aufnahme eines Gegenstandes zu untersagen, um ihn vor Schaden zu bewahren. Nicht nur Stöckchen üben eine magische Anziehungskraft aus, auch weggeworfene Schulbrote, Papiertaschentücher und Verpackungsreste wecken häufig das Interesse des Hundes.

Um den Hund zu veranlassen, einen im Fang gehaltenen Gegenstand fallen zu lassen, eignet sich das Lautzeichen „Aus!". Das Einüben dieses Lautzeichens sollte in zwei Etappen vorgenommen werden. Zunächst muß dem jungen Hund begreiflich gemacht werden, welches Verhalten auf das Lautzeichen „Aus!" von ihm erwartet wird. Das Training läßt sich sehr gut in Spiele innerhalb des Hauses einbauen. Jedes Hundespielzeug, Stöckchen oder Seil, ist für diese Übung hervorragend geeignet. Eine größere Auswahl an Hundespielzeug sollte im Haus ohnehin zur Verfügung stehen. Verwickeln Sie den Hund nun in ein Spiel mit einem beliebigen Spielzeug, kämpfen Sie spielerisch um den Gegenstand, bis Ihnen der Hund das Spielzeug entwindet. Während Sie den Hund am Halsband festhalten, geben Sie nun das Lautzeichen „Aus!". Macht der Hund keine Anstalten, das Spielzeug freizugeben, öffnen Sie seinen Fang, indem Sie hinter seinen Reißzähnen mit jeweils einem Finger gegen Gaumen und Zunge drücken. Halten Sie sich dabei aber von den Schneide- und Fangzähnen fern! Vor allem die nadelspitzen Zähnchen eines Welpen durchdringen die Haut mühelos. Als Reaktion auf diesen Griff wird der Hund seine Schnauze ein wenig öffnen, und das Spielzeug fällt zu Boden. Loben Sie den Hund für das Freigeben des Gegenstandes und bieten Sie ihm anschließend ein anderes Spielzeug als Belohnung an. Neben der Konditionierung auf das Lautzeichen „Aus!" bietet diese Übung den zusätzlichen Vorteil, daß der Hund an Ihre höhere Position in der Rangfolge des Rudels erinnert wird. Üben Sie das Freigeben von Gegenständen, bis der Hund ohne Widerstand alle Objekte auf ihr Lautzeichen hin fallen läßt. Nun können Sie auch auf Spaziergängen mit dem Lautzeichen „Aus!" arbeiten, allerdings nur, wenn der Hund angeleint ist. Bei einem freilaufenden Hund besteht die Gefahr, daß er sehr schnell lernt, Ihnen auszuweichen, wenn er einen Gegenstand nicht hergeben möchte. Ist der Hund Ihnen einige Male erfolgreich ausgewichen und konnte er das Objekt der Begierde so in Sicherheit bringen, hat er verstanden, daß er Sieger bleibt, wenn er sich außerhalb Ihres direkten Einflußbereiches aufhält. Zur Vergrößerung Ihres Einflußbereiches eignen sich auch in diesem Fall Spaziergänge mit der Fährtenleine. Hört der Hund nur dann nicht auf das Lautzeichen, wenn er abgeleint ist, kann der Einsatz der Wurfkette helfen, ihn eines Besseren zu belehren.

Das Lautzeichen „Sitz!"

Mindestalter:	Vollendete 14. Lebenswoche.
Übungsdauer:	5–7 Minuten. Mehrmals täglich.
Übungsziel:	Der Hund setzt sich auf das Lautzeichen unverzüglich hin.
Hilfsmittel:	Gliederkette, Leine, einige Leckerchen.

Auf den täglichen Spaziergängen mit dem Hund ist es häufig notwendig, daß sich der Hund neben seinem Hundeführer hinsetzt. Nicht nur vor jedem Überqueren einer Straße, sondern auch für die Dauer eines Gespräches mit einem Bekannten oder während des Wartens auf einen Zug an der Bahnsteigkante ist das Sitzen(bleiben) des Hundes wünschenswert. Dabei soll der Hund auf der linken Seite des Hundeführers sitzen und Körperkontakt halten. So kann der Hundeführer seine Aufmerksamkeit dem fließenden Verkehr zuwenden, anstatt sich laufend zu seinem Hund hinunterzubeugen, um sicherzustellen, daß dieser noch unverändert neben ihm sitzt. Außerdem erleichtert der geringe Abstand eine sofortige Korrektur, wenn der Hund sich nicht setzen oder vorzeitig aufstehen will.

Zunächst führen wir die Übung nur mit dem angeleinten Hund in einer ruhigen Umgebung durch. Gut einsehbare und nur wenig befahrene Straßen sind für die ersten Trainingseinheiten bestens geeignet. Die Gefahr, daß der Hund von einem Fahrzeug erfaßt und verletzt wird, solange er auf das Lautzeichen noch nicht zuverlässig reagiert, sollte durch die Auswahl eines geeigneten Übungsortes möglichst gering gehalten werden. Zusätzlich zur Ausbildung auf der Straße kann die Übung auch auf einer Wiese oder im Garten durchgeführt werden. Auf jeden Fall muß der überwiegende Teil der Übungen in dem Bereich stattfinden, den Sie normalerweise für Spaziergänge mit dem Hund nutzen. Trainieren Sie ausschließlich oder überwiegend auf einem speziellen Übungsgelände, kann es vorkommen, daß der Hund auf dem Trainingsplatz ausgezeichnet auf die Lautzeichen hört, in seinem gewohnten Lebensraum aber nur wenig Neigung zeigt, Lautzeichen zu beachten.

Der Erfolg oder Mißerfolg bei der Durchführung der Übung hängt von mehreren, scheinbar unwichtigen Faktoren ab, die leicht übersehen werden. Dazu gehört insbesondere die richtige Handhabung der Leine während der gesamten Übung. Zunächst nehmen Sie, bevor Sie das Lautzeichen „Sitz!" geben, die Leine kurz, so daß der Hund eng an Ihrer linken Seite laufen muß. Halten Sie das Ende der Leine dabei in der rechten Hand, führen Sie die Leine vor Ihrem Körper vorbei und nehmen Sie den mittleren Teil der Leine zusätzlich in die linke Hand. Diese Haltung hilft Ihnen, den Hund vor Beginn der Übung in die gewünschte Posi-

Der Hund erhält Hilfestellung durch Leinenzug und Druck auf die Kruppe mit der Hand. Der Druck mit der Hand soll nicht so stark sein, daß der Hund zur Seite ausweicht oder sich hinfallen läßt.

Das Lautzeichen „Sitz!"

Hier hat der Hund schon fast eine sitzende Haltung erreicht. Deutlich ist der senkrechte Zug zu sehen, der mit der Leine ausgeübt wird. Der Zug am Halsband soll sofort nachlassen, wenn das Hinterteil des Hundes den Boden berührt.

tion zu bringen. Versucht der Hund, sich von Ihnen wegzubewegen, rucken Sie an der Leine. Bleiben Sie nun unvermittelt stehen und geben Sie das Lautzeichen „Sitz!". Möchte der Hund in diesem Moment weitergehen, können Sie sofort korrigieren: „Nein!" – Ruck – „Sitz!". Sowie der Hund stehenbleibt, lassen Sie die Leine aus der linken Hand fallen. Die Hand steht nun für manuelle Korrekturen zur Verfügung, wenn der Hund lediglich stehenbleibt, anstatt sich zu setzen. Um den Hund zum Hinsetzen zu veranlassen, spannen Sie die Leine mit der rechten Hand. Halten Sie dabei Ihre rechte Hand vor die linke Schulter, damit der Zug senkrecht und nicht seitlich auf den Hund einwirkt. Ein von der Seite auf den Hund wirkender Zug zwingt den Hund unweigerlich in eine Position vor ihren Füßen. Ziehen Sie in dieser Situation nicht mit großer Kraft an der Leine, der Zug soll für den Hund deutlich spürbar sein, ihn aber nicht zu einer Meidbewegung veranlassen. Gleichzeitig drücken Sie mit der linken Hand leicht auf die Kruppe des Hundes. Dabei wiederholen Sie das Lautzeichen „Sitz!". Passen Sie den Moment ab, in dem der Hund eine sitzende Haltung erreicht und loben Sie ihn ausgiebig: „Brav Sitz, Braaav!". Achten Sie von Anfang an darauf, daß der Hund parallel zu Ihrer Laufrichtung sitzt, korrigieren Sie ihn, wenn er sich während des Hinsetzens seitlich wegdreht: „Nein!" – manuelle Korrektur – „Sitz!" – Lob.

Bei der Durchführung der Korrekturen wird ersichtlich, wie wichtig es ist, die Leine in der rechten Hand zu halten und die linke Hand für manuelle Korrekturen des Hundes freizubehalten. Ein Hundeführer, der die Leine ausschließlich in der linken Hand hält, muß sich zu seinem Hund drehen, um ihn korrigieren zu können. Der Nachteil dieser Methode ist, daß der Hund nicht lernt, parallel neben seinem Ausbilder zu sitzen, da dieser selbst die gewünschte Position aufgeben muß. Sollte der Hund durch Zug an der Leine und gleichzeitiges Herabdrücken der Kruppe nicht zum Sitzen zu bewegen sein und seine Hinterhand versteifen, bringt die Erhöhung des Drucks nicht unbedingt Erfolg. Wenden Sie lieber folgenden Trick an: Halten Sie Ihre linke Hand so hinter der Kruppe des Hundes, daß er keinen Schritt zurückgehen kann. Halten Sie mit der rechten Hand dem Hund ein Leckerchen vor die Nase und führen es über den Kopf des Hundes nach hinten, wenn der Hund das Leckerchen fixiert. Wiederholen Sie dabei das Lautzeichen „Sitz!". Der Hund wird nun versuchen, einen Schritt nach hinten zu machen, stößt dabei aber gegen Ihre linke Hand. Um das mittlerweile über seinem Hinterkopf schwebende Leckerchen nicht aus den Augen zu verlieren, muß sich der Hund nun zwangsläufig setzen. Loben Sie Ihren Hund und geben Sie ihm das Leckerchen als Belohnung. Sie werden bald Übung darin bekommen, den Hund durch Bewegungen mit einem angebotenen Stückchen Futter in die von Ihnen gewünschte Position zu manövrieren. Auch die parallele Ausrichtung des Hundes zu Ihrer Laufrichtung läßt sich auf diese Art gut beeinflussen. Sitzt der Hund, allen Bemühungen zum Trotz, dennoch schräg neben Ihnen, wird er unverzüglich korrigiert. Geben Sie das Lautzeichen „Nein!", drehen Sie den Hund in die gewünschte Position und loben Sie sofort, wenn er die geforderte Sitzposition einnimmt.

Sie sehen, bei der vermeintlich einfachen Übung des Hinsetzens hat der Hundeführer alle Hände voll zu tun: Leine und Leckerchen befinden sich in der rechten Hand, die linke Hand hält zunächst ebenfalls die Leine, ist aber jederzeit zur Korrektur bereit. Die Lautzeichen sachlich und zeitlich richtig zu geben, ohne eines auszulassen und das Loben nach Abschluß der Übung nicht zu vergessen, fordert die volle Konzentration des Ausbilders.

Mit dem Hinsetzen des Hundes ist die Übung aber noch nicht beendet, denn der Hund soll solange in sitzender Position verharren, bis der Hundeführer das Lautzeichen „Sitz!" durch „Frei!" oder „Fuß!" aufhebt. Um dem Hund nicht versehentlich den Eindruck zu vermitteln, daß das Lautzeichen „Sitz!" nur für einige Sekunden gilt, lassen wir bis zum Weitergehen nie den gleichen Zeitraum verstreichen. Praktisch sind Wartezeiten zwischen drei und dreißig Sekunden bis zum Fortsetzen des Weges. Dauert die Wartezeit länger, werden sich die meisten Hunde hinlegen wollen, da die sitzende Haltung für sie relativ unbequem ist. Besonders einem jungen Hund sollten wir keine längeren Wartezeiten in sitzender Haltung zumuten. Um eine erneute Korrektur des Hundes – das Hinlegen während der Übung „Sitz!" käme einer Aufhebung des Lautzeichens durch den Hund gleich – zu vermeiden, soll der Hundeführer bei längeren Unterbrechungen des Weges von sich aus den Hund durch das Lautzeichen „Platz!" zum Liegen veranlassen.

Verhalten in öffentlichen Verkehrsmitteln

Mindestalter:	Vollendete 15. Lebenswoche.
Übungsdauer:	10–20 Minuten.
Übungsziel:	Der Hund wird darauf trainiert, sich in öffentlichen Verkehrsmitteln angepaßt zu benehmen.
Hilfsmittel:	Halsband, Leine.

Vor der ersten Reise des Hundes mit Bus oder Bahn sollte die Übung „Sitz" mit Erfolg abgeschlossen worden sein, außerdem soll der Hund bei Verkehrsgeräuschen und in Menschenmengen kein Unwohlsein mehr zeigen. Nun treffen alle Übungsinhalte auf einmal zusammen: laute Geräusche, fremde Personen, dichte Gruppen von Menschen und zusätzlich sich bewegende Fahrzeuge.

Bevor die erste Fahrt mit U-Bahn, S-Bahn oder einem Fernzug geplant wird, sollte der Hund bereits einmal einen Bahnhof besucht haben, um seine Reaktion auf die neue Umgebung mit ihren ungewohnten Geräuschen und typischen Gerüchen zu testen. Zeigt sich der Hund völlig unbeeindruckt, steht der ersten Fahrt nichts im Wege. Gibt es allerdings Anzeichen von Angst oder Unsicherheit, ist es besser, die Fahrt zu verschieben und zunächst einige Male den Bahnhof aufzusuchen. Wie bei der Übung mit den Verkehrsgeräuschen ist es hilfreich, sich auch auf dem Bahnhof eine Sitzgelegenheit zu suchen und den Hund neben sich „Platz" machen zu lassen. Während einige einfahrende und abgehende Züge passieren, hat der Hund Gelegenheit, die Geräusche des Bahnhofes und die eines sich nähernden Schienenfahrzeugs kennenzulernen. Der Besuch des Bahnhofs kann in den nächsten Tagen einige Male wiederholt werden, bis sich der Hund an die neue Umgebung gewöhnt hat.

Die meisten Schwierigkeiten entstehen beim Einsteigen in den Wagen eines Fernzuges. Die relativ schmalen, erhöht liegenden Türen lassen viele Hunde argwöhnisch werden. Ein erwachsener Hund, der keinerlei Erfahrung in dieser Richtung besitzt, ist mitunter nicht ohne weiteres zum Einsteigen zu bewegen. Ein verängstigter Westie läßt sich zur Not auf dem Arm seines Besitzers in den Zug verfrachten – der Eigentümer von zwei Bernhardiner Rüden ist in dieser Hinsicht eindeutig im Nachteil. Der Welpenbesitzer hat es besser. Er kann seinen neugierigen jungen Hund schon früh an die Atmosphäre eines Bahnhofes und vor allem an das Einsteigen in Züge gewöhnen. Wenn die Möglichkeit besteht, daß der Hund später einmal im Zug mitreisen wird, soll er mit Bahnhöfen und Zügen rechtzeitig vertraut gemacht werden. Lösen Sie eine Bahnsteigkarte und gehen Sie mit Ihrem Hund an einem wartenden Zug vorbei. Steigen Sie in einen Waggon ein, laufen Sie den schmalen Gang entlang und verlassen Sie den Zug wieder. Setzen Sie dabei Lob und von Zeit zu Zeit auch ein Leckerchen ein, um den Hund zu beruhigen und für sein Verhalten zu belohnen. Falls Sie nicht wissen, wie sich Ihr Hund im Hinblick auf ein bestimmtes Verkehrsmittel verhalten wird, testen Sie sein Verhalten bereits einige Wochen vor einer beabsichtigten Reise. So bleiben Ihnen am Tag der Abreise unliebsame Überraschungen erspart, und sie können die verbleibende Zeit nutzen, mit Ihrem Hund die problematischen Situationen zu üben.

In den Bussen des öffentlichen Nahverkehrs ist das Hauptproblem meist die Enge und das Gedränge beim Ein- und Aussteigen. Diese Situationen stellen besondere Anforderungen an die Nervenstärke Ihres Hundes. Veranlagungsbedingt sind in solchen Situationen Rassen mit hoher Reizschwelle und guten Nerven, wie Boxer, Rottweiler und Deutsche Dogge, gegenüber ihren zur Nervosität neigenden Artgenossen im Vorteil. Mit Hilfe der Übungen dieses Buches wird es jedem Hund nach einigem Training möglich sein, diese Aufgaben zu meistern.

Auf Bahnhöfen und in Zügen wird die Gelassenheit des Hundes durch eine frühe Gewöhnung an alle Reize erreicht. Völlige Angstfreiheit ist für die selbstverständliche Benutzung öffentlicher Verkehrsmittel unabdingbar.

Einübung des Sichtzeichens „Sitz!"

Mindestalter:	Vollendeter 4. Monat.
Übungsdauer:	5 Minuten. Mehrmals täglich.
Übungsziel:	Der Hund setzt sich auf das Sichtzeichen „Sitz!".
Hilfsmittel:	Einige Leckerchen.

Schon nach wenigen Tagen wird der Hund die Bedeutung des Lautzeichens „Sitz!" verstanden haben, und die Übung kann von Ihnen immer häufiger durchgeführt werden, ohne daß eine Korrektur des Hundes notwendig wird.

Ab diesem Zeitpunkt können Sie damit beginnen, das Lautzeichen mit einem Sichtzeichen zu verknüpfen. Bei dieser Übung soll der Hund nicht an Ihrer linken Seite laufen, da das Sichtzeichen, am Rande seines Blickfeldes gegeben, von ihm meistens nicht wahrgenommen wird. Schaffen Sie ein Übungsszenario, in dem Ihnen der Hund in ein bis zwei Metern Entfernung gegenübersteht und Sichtkontakt besteht. Die Übung läßt sich sehr gut in ein Apportier-Spiel einbauen, wenn der Hund einen Ball zu Ihnen zurückgetragen hat und auf einen erneuten Wurf wartet. Sprechen Sie den Hund mit seinem Namen an, falls er abgelenkt ist und nicht zu Ihnen hinsieht. Kombinieren Sie nun das Lautzeichen „Sitz!" mit einem Sichtzeichen, zum Beispiel einem erhobenen Zeigefinger. Laut- und Sichtzeichen werden gleichzeitig gegeben. Das Sichtzeichen wird solange gezeigt, bis sich der Hund hingesetzt hat. Reagiert der Hund nicht innerhalb weniger Sekunden, müssen Sie eine Korrektur vornehmen. Leiten Sie die Korrektur mit dem Lautzeichen „Nein!" ein, treten Sie an den Hund heran, fassen Sie sein Halsband mit der einen Hand und üben mit der anderen Hand leichten Druck auf seine Kruppe

Das Betreten und Verlassen von Zügen kann mit dem Hund genauso geübt werden wie richtiges Verhalten auf Bahnhöfen oder in öffentlichen Verkehrsmitteln. Je eher ein Hundehalter damit beginnt, seinen Welpen an diese Situationen zu gewöhnen, desto leichter und schneller wird sich der Lernerfolg einstellen.

aus, wobei das Lautzeichen „Sitz!" wiederholt wird. Für einen längeren Zeitraum sollen Laut- und Sichtzeichen immer gemeinsam gegeben werden, damit sich der Hund den Zusammenhang beider Auslöser einprägt. Reagiert der Hund auf die Kombination von Laut- und Sichtzeichen überwiegend richtig, können Sie versuchen, ihn nur mit dem Sichtzeichen zum Hinsetzen zu veranlassen. Loben Sie den Hund überschwenglich, wenn er diese Übung erstmalig richtig absolviert.

Das Lautzeichen „Platz!"

Mindestalter:	Vollendeter 4. Monat.
Übungsdauer:	Zweimal täglich 5 Minuten.
Übungsziel:	Der Hund lernt das Hinlegen auf das Lautzeichen „Platz!".
Hilfsmittel:	Halsband, Leine, einige Leckerchen.

Mit dieser Grundübung soll erst begonnen werden, wenn das Lautzeichen „Sitz!" vom Hund zuverlässig verstanden und befolgt wird. Würde man mit beiden Übungen gleichzeitig beginnen, wäre die Gefahr groß, daß die ähnlichen Lautzeichen bei dem Hund für Verwirrung sorgen. Das Training kann dann für einige Zeit chaotische Züge annehmen, weil sich der Hund hinlegt, wenn er sich setzen soll und umgekehrt.

Während der ersten Übungseinheiten lassen Sie den Hund neben sich sitzen, bevor Sie das Lautzeichen „Platz!" geben. Später kann die Übung auch aus dem Stand und sogar aus dem Lauf trainiert werden. Halten Sie die Leine wieder in Ihrer rechten Hand, die linke Hand schwebt bereits über dem Schulterbereich des Hundes. Nun geben Sie das Lautzeichen „Platz!" und üben sofort mit der linken Hand leichten Druck auf die Schultern des sitzenden Hundes aus. Zumeist wird der Hund dem Druck nachgeben und sich spontan hinlegen. Falls er dem Druck Ihrer linken Hand Widerstand entgegensetzt

Das Sichtzeichen für die Übung „Sitz!" soll für den Hund deutlich erkennbar sein. Anfänglich wird zur Unterstützung das Lautzeichen „Sitz!" zusätzlich gegeben, später wird der Hund auf beide Varianten reagieren.

und seine Vorderhand versteift, führen Sie Ihren rechten Unterarm hinter die Vorderläufe des Hundes und ziehen diese nach vorn. Den Druck auf seine Schultern erhalten Sie dabei aufrecht. Nun muß der Hund eine liegende Position einnehmen und sofort wird er gelobt. Lassen Sie ihn eine Weile neben sich liegen und achten Sie darauf, daß der Hund nicht bei der erstbesten Gelegenheit wieder aufspringt. Das Aufstehen können Sie verhindern, indem Sie die Leine auf den Boden legen und sich mit dem linken Fuß auf die Leine stellen. Dabei soll die Leine nicht gestrafft sein, aber der Spielraum muß so bemessen werden, daß der Hund sofort einen Widerstand am Halsband spürt, wenn er aufstehen will. Hat sich nach einiger Zeit insofern ein Erfolg eingestellt, daß der Hund liegenbleibt, während Sie neben ihm stehen, können Sie damit beginnen, über den Hund hinwegzusteigen und um ihn herumzulaufen. Die Leine bleibt in dieser Phase noch als Sicherung im Einsatz. So wird verhindert, daß der Hund aufspringt und davonstürmt, ohne korrigiert zu werden. Achten Sie bei den Übungen darauf, daß der Hund nicht von sich aus aufsteht und sich entfernt. Er soll vom ersten Tag an daran gewöhnt werden, nur auf die Lautzeichen „Frei" oder „Fuß" seine liegende Position verlassen zu dürfen.

Legt sich Ihr Hund nur sehr langsam und offensichtlich widerwillig hin, kann ein Leckerchen als Hilfsmittel eingesetzt werden. Knien Sie sich dabei neben Ihren sitzenden Hund, wobei das Leckerchen verdeckt in der rechten Hand gehalten wird. Legen Sie Ihre linke Hand auf die Schultern des Hundes. Nun zeigen Sie ihm das Leckerchen in Höhe seiner Schnauze und führen die Hand langsam Richtung Boden. Der Hund wird dem Leckerchen mit den Augen folgen. Halten Sie ihn gegebenenfalls am Halsband fest, damit er sich nicht vorzeitig hinlegen kann, um das Leckerchen zu erreichen. Genau in dem Moment, in dem Ihre Hand den Boden erreicht, geben Sie das Lautzeichen „Platz!" und üben sofort Druck auf die Schultern des Hundes aus. Gewünscht ist, daß sich der Hund quasi fallen läßt, um das Leckerchen schnell zu erreichen. Dabei unterstützen Sie seine Abwärtsbewegung durch den Druck auf seinen Rücken. Sowie der Hund die liegende Position erreicht, erhält er das Leckerchen und wird besonders intensiv gelobt, um ihm zu zeigen, daß dieses Verhalten erwünscht ist.

Das Sichtzeichen „Platz!"

Mindestalter:	Vollendeter 4. Monat.
Übungsdauer:	5 Minuten. Mehrmals täglich.
Übungsziel:	Der Hund lernt das Hinlegen auf das Sichtzeichen „Platz!".
Hilfsmittel:	Einige Leckerchen.

Für die Einübung des Sichtzeichens „Platz!" stehen Sie dem Hund wieder in kurzer Entfernung gegenüber. Der Hund

Übungen zur Ausbildung

kann dabei stehen oder sitzen, beide Varianten sollen im Laufe des Übungsprogrammes trainiert werden. Legen Sie dabei die Leine ausgestreckt auf den Boden, so daß Sie mit dem Fuß auf das Griffstück treten können. Als Sichtzeichen für diese Übung eignet sich die flache Hand, die am ausgestreckten Arm von Schulterhöhe nach unten bewegt wird. Gleichzeitig mit dem Beginn der Bewegung wird dem Hund das Lautzeichen „Platz!" gegeben. Halten Sie Ihren Arm dabei etwas seitlich vom Körper, so daß der Hund die Bewegung nicht vor dem Hintergrund Ihres Körpers sieht. Den neben dem Körper bewegten Arm kann er vor allem aus größerer Entfernung besser wahrnehmen, da bei dem vor dem Körper geführten Arm der Ärmel optisch mit Ihrer Jacke verschmilzt.

Loben Sie den Hund sofort, wenn er auf die Kombination aus Laut- und Sichtzeichen reagiert – die anschließende Belohnung mit einem Leckerchen tut ein übriges. Beginnen Sie die Übung direkt vor dem Hund stehend und vergrößern Sie die Entfernung, aus der Sie das Sichtzeichen geben, nur langsam. Macht der Hund hingegen keine Anstalten, auf Laut- und Sichtzeichen zu reagieren, nähern Sie sich Ihrem Hund, wobei Sie stets mit einem Fuß auf die Leine treten. Der Hund

Auch wenn Sie sich einige Schritte entfernen, soll der Hund liegenbleiben. Korrigieren Sie jeden Versuch des Hundes, aufzustehen. Eine auf den Boden gelegte Langleine hilft, dem unerwünschten Entfernen des Hundes vorzubeugen.

soll sich keinesfalls entfernen, bevor die Übung abgeschlossen ist. Nun wiederholen Sie das Sichzeichen direkt vor seinem Kopf und geben zusätzliche Hilfestellung durch leichten Druck auf die Schultern, ohne dabei das Lautzeichen zu vergessen.

Die Art sich hinzulegen, ist immer mit dem Wesen des Hundes verknüpft. Ein Border Collie, Retriever oder Schäferhund läßt sich oft fallen und erreicht die liegende Position nach einigem Training in weniger als einer halben Sekunde. Andere Hunde gehen es ihrem Naturell entsprechend ein wenig gemütlicher an; der Übergang von sitzender zu liegender Position erfolgt in gemächlichem Tempo. Probieren Sie im Laufe der Übungen aus, ob der Hund spontaner auf das Lautzeichen reagiert, wenn Sie die Armbewegung schneller durchführen und dabei das Lautzeichen etwas kürzer und schärfer geben.

Die Übung „Bleib!"

Mindestalter:	Vollendeter 4. Monat.
Übungsdauer:	5 Minuten. Mehrmals täglich.
Übungsziel:	Der Hund behält Platz, wenn sich der Hundeführer entfernt.
Hilfsmittel:	Leine, Gliederkette, einige Leckerchen.

Die Übung „Bleib!" soll bewirken, daß der Hund in liegender Position verharrt, während sich sein Hundeführer entfernt. Der Hund soll dabei ruhig und entspannt liegen und keine Unruhe oder Nervosität zeigen. Er muß wissen, daß sein Hundeführer immer zu ihm zurückkehrt. Der Schwierigkeitsgrad der Übung wird deshalb während des Trainings nur ganz allmählich gesteigert. Anfänglich entfernt sich der Hundehalter nur ungefähr fünf bis zehn Meter, später kann er die Entfernung vergrößern und sogar das Sichtfeld des Hundes verlassen. Die Zeit, die der Hund wartend verbringt, darf nun immer länger werden. Aus der einen Minute, die wir zu Beginn des Trainings nicht überschreiten, darf im Laufe der Ausbildung eine Viertelstunde werden. Gehen Sie bei der Zumessung der Wartezeit behutsam vor, wenn Sie sich außerhalb des Sichtbereiches des Hundes befinden. Er soll nicht dazu verleitet werden, aufzuspringen und Sie zu suchen.

Von Anfang an wird das Lautzeichen „Bleib!" mit dem entsprechenden Sichtzeichen verknüpft. Zum Beginn der Übung lassen wir den Hund „Platz" machen. Als Sichtzeichen ist die vor den Körper gehaltene, flache Hand gut geeignet. Das Lautzeichen „Bleib!" wird zusammen mit dem Sichtzeichen gegeben, und sofort beginnt der Hundehalter sich von seinem Hund zu entfernen. Der Blickkontakt zum Hund soll in der Anfangsphase des Trainings nicht abreißen, denn mehrfach wird der Hund aufstehen, um Ihnen zu folgen. Die nun folgende Korrektur muß mit einem „Nein!" eingeleitet werden, um dem Hund zu zeigen, daß er etwas Falsches getan hat. Führen Sie den Hund an die ursprüngli-

Übungen zur Ausbildung

che Stelle zurück, lassen Sie ihn „Platz" machen und wiederholen Sie die Übung „Bleib!". Gehen Sie erneut einige Schritte rückwärts von Ihrem Hund weg, wiederholen Sie Laut- und Sichtzeichen, wenn er aufstehen will. Nachdem Sie sich fünf Meter entfernt und einige Sekunden abgewartet haben, gehen Sie zu Ihrem Hund zurück. Achten Sie darauf, daß der Hund nicht aufsteht, um Sie freudig zu begrüßen, wenn Sie ihn erreicht haben, sondern begrüßen und loben Sie ihn, während er sich unverändert in liegender Position befindet. Bleibt der Hund nach einigem Training bei dieser Übung zuverlässig liegen, können Sie den Schwierigkeitsgrad steigern. Nachdem Sie sich etwa sieben bis acht Meter entfernt haben, laufen Sie mehrmals um Ihren Hund in gleichbleibendem Abstand herum. Der Hund wird bestrebt sein, Sie nicht aus der Augen zu verlieren, und seinen Kopf in Ihre Richtung drehen. Der kritische Punkt ist erreicht, wenn Sie sich genau hinter Ihrem Hund befinden. Er kann Ihrer Bewegung nicht mehr durch Drehen des Kopfes folgen und wird nun Anstalten machen, aufzustehen. Seien Sie darauf gefaßt, den Hund mit dem Lautzeichen „Nein!" sofort zu korrigieren, bevor er sich ganz erhoben hat. Setzen Sie die Kreisbewegung anschließend fort. Führen Sie diese Übung mit verschiedenen Laufgeschwindigkeiten durch, blei-

Die Sichtzeichen für die Übung „Bleib!" ist die vor den Körper gehaltene Hand.

ben Sie während des Laufens mehrfach für einige Sekunden stehen, machen Sie gelegentlich Bewegungen mit Ihren Armen oder hüpfen Sie einige Male auf der Stelle, bis der Hund in keiner Situation mehr Anstalten macht, sich zu erheben. Erst jetzt sollte der Hundeführer zum ersten Mal den Sichtbereich seines Hundes verlassen. Suchen Sie sich für diese Übung einen Platz, an dem es mehrere starke Bäume oder andere Objekte gibt, hinter denen Sie sich verstecken können. Beginnen Sie die Übung wie in den vorangegangenen Beispielen, indem Sie den Hund „Platz" machen lassen und sich mit dem Laut- und Sichtzeichen „Bleib!" entfernen.

Begeben Sie sich zu einem geeigneten Versteck, wobei Sie dem Hund vertrauensvoll den Rücken zuwenden. Steht der Hund nun auf, um Ihnen zu folgen, korrigieren Sie ihn und trainieren noch für einige Tage die vorangegangene Übung. Begeben Sie sich in ein Versteck und warten Sie dort nicht länger als fünfzehn Sekunden, bevor Sie zurück zu Ihrem Hund gehen und ihn ausgiebig loben. In den nächsten Übungen können Sie die Zeit, die Sie außerhalb des Sichtbereiches des Hundes zubringen, langsam erhöhen. Die kritische Grenze, bei der den meisten Hunden der Geduldsfaden reißt, liegt bei ungefähr drei Minuten. Viel Geduld ist nötig, wenn der Hund nach immer der gleichen Wartezeit aufsteht und Sie zu suchen beginnt. Setzen Sie die Übung unbeeindruckt fort, aber lassen Sie dem Hund niemals das vorzeitige Aufstehen ohne Korrektur durchgehen.

Auch in den täglichen Auslauf des Hundes läßt sich die Übung „Bleib!" vorzüglich integrieren. Lassen Sie den Hund einige Meter entfernt für einige Minuten „Platz" machen, wenn Sie in Ruhe ein Schaufenster betrachten wollen oder während Sie eine Zeitung kaufen. Halten Sie dabei Ausschau nach Ihnen entgegenkommenden Hunden. Die Annäherung eines fremden Hundes stellt einen starken Reiz dar, denn Ihr Hund möchte seinen Artgenossen natürlich begrüßen und wird Ihr Lautzeichen „Frei!" nicht abwarten wollen. Üben Sie diese Situation deshalb gesondert. Passen Sie eine Situation ab, in der Ihnen auf der anderen Straßenseite ein Hund entgegenkommt, der aber selbst keine Möglichkeit hat, auf Ihren Hund zuzugehen. Lassen Sie Ihren Hund „Platz" machen, bevor er den fremden Hund sieht, und geben Sie das Lautzeichen „Bleib!". Nun legen Sie die Leine gerade auf den Boden und treten auf das Griffstück, so daß Ihr Hund keine Möglichkeit hat, sich dem anderen Hund zu nähern. Warten Sie, bis Ihr Hund aufspringt, und korrigieren Sie ihn unverzüglich in gewohnter Weise. Bringen Sie Ihren Hund erneut in liegende Position und loben Sie ihn, wenn er keine weiteren Versuche unternimmt, sich dem anderen Hund zu nähern.

Sinngemäß kann diese Übung auch mit allen anderen Reizen durchgeführt werden, die den Hund zum Aufstehen veranlassen. Führen Sie ihn zum Beispiel auf eine S-Bahn-Station und lassen Sie den Hund auf dem Bahnsteig „Platz" machen. Sorgen Sie dafür, daß der Hund liegenbleibt, wenn ein Zug in den Bahnhof einfährt.

Laufen bei Fuß

Mindestalter:	5. Lebensmonat.
Übungsdauer:	3–5 Minuten. Mehrmals täglich.
Übungsziel:	Der Hund läuft eng an der linken Seite des Hundeführers.
Hilfsmittel:	Leine, Gliederkette, einige Leckerchen.

Für einen Hund, der das Laufen an der Leine bereits erlernt hat, stellt diese Übung kein unüberwindbares Hindernis mehr dar. Der Hund hat gelernt, nicht gegen den Leinenzug anzukämpfen und innerhalb des zur Verfügung stehenden Freiraumes zu laufen. Nun wird der Leinenradius lediglich so weit verkürzt, daß der Hund direkt neben seinem Hundeführer laufen muß, um keinen Zug auf die Leine zu bringen.

Lassen Sie Ihren Hund links neben sich sitzen und legen Sie ihm die Gliederkette um. Die Leine wird so gefaßt, daß sie leicht durchhängt, wenn der Hund eng neben Ihnen auf gleicher Höhe läuft. Geben Sie nun das Lautzeichen „Fuß!" und setzen Sie sich in Bewegung. Ein leichter Ruck mit der Leine zeigt dem Hund, daß er ebenfalls losgehen soll. Jeden Zug des Hundes an der Leine beantwortet der Hundeführer mit einem erneuten „Fuß!" und einem Ruck, wenn der Hund nicht unverzüglich die Spannung der Leine verringert. Der Ablauf dieser Übung unterscheidet sich also kaum von der Technik, mit der das Einhalten des Leinenradius eingeübt wurde. Gehen Sie nun eine Strecke von ungefähr zwanzig Metern mit dem Hund „bei Fuß". Schließen Sie die Übung mit dem Lautzeichen „Sitz!" oder „Platz!" ab und loben Sie den Hund für seine Bemühungen. Für das Gelingen dieser Übung ist es wichtig, daß sie am Anfang nur über kurze Distanzen durchgeführt wird. Das „Bei-Fuß-Laufen" über mehrere Straßenzüge bringt hingegen keinen besseren Lernerfolg, sondern wird zu einer Quälerei für den Hund. In der ersten Lernphase ist der Hund über die Beschneidung seines Freiraumes nicht allzu glücklich, und kurze, aber richtig durchgeführte Übungen sind wirkungsvoller als stundenlanges „durch die Gegend zerren" des Hundes. Um einen guten Lernerfolg zu erreichen, sollten in jeden Spaziergang mit dem Hund mehrere „Bei-Fuß"-Übungen eingebaut werden. Beginn und Ende jeder Laufübung ist das Sitzen des Hundes an der linken Seite seines Hundeführers.

Um dem Hund die Übung zu erleichtern und dem ständigen Ausbrechen aus dem Leinenradius vorzubeugen, ist es ratsam, die Aufmerksamkeit des Hundes möglichst auf den Hundeführer zu konzentrieren. Stellen Sie Blickkontakt zu Ihrem Hund her, loben Sie ihn bereits während des Laufens, wenn er keinen Versuch macht, gegen die Leine anzukämpfen. Eine andere Methode ist das Führen des Hundes mit einem Leckerchen. Nehmen Sie dafür die Leine in die rechte Hand

Laufen bei Fuß

Die Leine muß während des „Bei-Fuß-Laufens" immer durchhängen, niemals soll der Hund an der gestrafften Leine geführt werden.

und ein Leckerchen in die Linke. Zeigen Sie dem Hund das Leckerchen kurz nach dem Losgehen und präsentieren Sie es etwas oberhalb vor seinem Kopf. Der Hund folgt nun Ihrer Hand und dem dargebotenen Leckerchen in der Hoffnung, den begehrten Bissen bald zu erhalten. Immer wenn der Hund seine Aufmerksamkeit Ihrer Hand zuwendet und dabei in richtiger Position „bei Fuß" läuft, soll er gelobt werden: „Brav Fuß ... Braaav". Das Leckerchen erhält der Hund erst nach Abschluß der Übung, wenn er neben Ihnen sitzt. Geben Sie noch während des Laufens ein Stückchen Futter, wird der Hund seinen Schritt sofort verlangsamen oder sogar stehenbleiben wollen, um in Ruhe zu fressen. Manche Hunde mögen dem Leckerchen nicht folgen und versuchen, es Ihnen durch einen Sprung zu entreißen. Beantworten Sie solche Versuche mit der üblichen Korrektur: „Nein!" – Ruck – „Fuß!". Geben sie einen zweiten, stärkeren Ruck, wenn der Hund nicht sofort nach dem Lautzeichen „Fuß!" in die gewünschte Position zurückkehrt. Haben sich bei dieser Übung erste Erfolge eingestellt, und der Hund hält die kurzen

„Bei-Fuß"-Etappen durch, ohne gegen die Leine zu arbeiten, soll die Übung aus der Abgeschiedenheit einer ruhigen Seitenstraße in ein belebteres Umfeld verlegt werden. Eine Straße mit regem Passantenverkehr eignet sich bestens für die nächste Übungsstufe. Schritt für Schritt kann das „Bei-Fuß-Laufen" nun auch an verkehrsreichen Hauptstraßen, in Fußgängerzonen und in Gebäuden, einem Einkaufszentrum zum Beispiel, geübt werden.

Höhepunkt und schwierigster Ausbildungsteil ist das Passieren eines Artgenossen, ohne daß der Hund Anstalten macht, aus dem „Bei-Fuß-Gehen" auszubrechen. Auch in diesem Fall wird das unter Spannung setzen der Leine durch den Hund sofort in der bekannten Weise korrigiert. Heben Sie sich diese Übung auf, bis der Hund die anderen Übungsteile überwiegend fehlerlos absolviert.

Abrufen des Hundes

Mindestalter:	5. Lebensmonat.
Übungsdauer:	3–5 Minuten. Mehrmals täglich.
Übungsziel:	Der Hund nähert sich Ihnen nach Zuruf und sitzt vor.
Hilfsmittel:	Leine, Gliederkette, Fährtenleine, einige Leckerchen.

Das Abrufen des Hundes baut auf die Übung „Bleib!" auf und darf erst begonnen werden, wenn der Hund keine Schwierigkeiten mehr mit dieser Übung hat. Ziel der Abrufübung ist, den in einiger Entfernung verharrenden Hund zu seinem Hundeführer zu rufen und „bei Fuß" sitzen zu lassen. Der Hund soll sich dabei zunächst eng vor dem Hundeführer hinsetzen. Auf das Lautzeichen „Fuß!" soll der Hund um den Hundeführer herumgehen und sich an dessen linke Seite setzen.

Zur Vorbereitung der Übung läßt der Ausbilder den Hund „Platz" machen und gibt das Lautzeichen „Bleib!". Anschließend entfernt sich der Hundeführer etwa zehn Meter von seinem Hund und läßt eine kurze Wartezeit verstreichen. Noch soll der Hund reglos liegen bleiben, aber seinen Ausbilder aufmerksam beobachten. Nun wird der Hund mit seinem Namen oder, falls Sie ein Lautzeichen bevorzugen, mit „Komm!" gerufen. Es ist erwünscht, daß sich der Hund so eng wie möglich vor seinem Hundeführer hinsetzt, also wird das Lautzeichen „Sitz!" gegeben, wenn Sie der Hund erreicht hat. Zusätzlich kann dieser Übung ein Sichtzeichen zugeordnet werden. Der in Bekkenhöhe vor dem Körper in Richtung Boden weisende Zeigefinger ist für diese Übung gut geeignet. Ein Leckerchen hilft, den Hund näher an sich heranzuziehen, falls er mit zu großem Abstand vor Ihnen sitzt. Nachdem der Hund mit einem Lekkerchen für das Vorsitzen belohnt wurde, nimmt der Hundeführer ein zweites Leckerchen so in seine rechte Hand, daß es der Hund bemerkt. Wenn der Hund das Futter fixiert, gibt der Ausbilder das Lautzeichen „Fuß!" und führt gleichzeitig das

Abrufen des Hundes

Der herbeigerufene Hund soll dicht vor seiner Hundeführerin sitzen.

Auf das Lautzeichen „Fuß!" geht er um seine Ausbilderin herum …

… und setzt sich an die linke Seite, wie in der Übung „Sitz!" erlernt. Ein Leckerchen kann als Belohnung gegeben werden.

Leckerchen hinter seinen Rücken. Während der Hund dem Futter folgt, nimmt der Ausbilder es hinter dem Rücken in die linke Hand und benutzt es dazu, den inzwischen ebenfalls auf der linken Seite angekommenen Hund in die richtige Sitzposition zu manövrieren. In dem Moment, in dem sich der Hund links neben seinen Ausbilder setzt, soll er das Leckerchen erhalten und für die Ausführung der Übung gelobt werden. Die größte Schwierigkeit an dieser Übung ist, den Hund zu sich kommen zu lassen. Mitunter läuft der Hund zwar auf das Lautzeichen „Komm!" in Ihre Richtung los, schlägt aber unversehens eine andere Richtung ein, wenn er durch eine Duftmarke oder einen anderen Reiz abgelenkt wird. Um diesem Verhalten vorzubeugen, können Sie eine Fährtenleine als Hilfsmittel einsetzen. Leinen Sie den Hund an und legen Sie, während Sie sich entfernen, die Fährtenleine gerade auf den Boden. Nehmen Sie in Höhe des Griffstückes Aufstellung. Falls der Hund während des Herankommens eine andere Richtung einschlägt, können Sie ihn nun durch einen Ruck an der Leine korrigieren. Schlimmstenfalls können Sie den Hund auch ganz zu sich heranziehen. Auf jeden Fall lernt der Hund auf diese Weise, daß er dem Ruf seines Hundeführers in jedem Fall folgen muß.

Wenn der Hund die Übung „Bleib!" gelegentlich von sich aus abbricht, indem er aufsteht und sich entfernt, bringt der Einsatz der Fährtenleine als Hilfs- und Korrekturmittel gute Erfolge. Das Lautzeichen „Nein!" in Verbindung mit einem deutlichen Ruck an der Leine verhindert nicht nur, daß der Hund das Objekt seiner Begierde erreicht, sondern vermittelt ihm auch den Eindruck, daß der Einflußbereich seines Hundeführers nicht auf kurze Entfernungen beschränkt ist. Diese Erfahrung bewirkt, daß der Hund schon bald auch ohne Leine auf die Lautzeichen seines Hundeführers hört.

Spielerisches Training der Grundübungen

Mindestalter:	Je nach Übung.
Übungsdauer:	Mehrmals wöchentlich.
Übungsziel:	Die Grundübungen werden vertieft.
Hilfsmittel:	Je nach Übung.

Für eine Vertiefung der erlernten Übungen ist nicht nur das Training unter verschiedenen Bedingungen und Ablenkungen notwendig, auch eine Einbeziehung der Übungen in das Spiel mit dem Hund unterstützt den dauerhaften Lernerfolg. Während eines Ballspiels auf einer Wiese lassen sich die Übungen „Sitz!", „Platz!" und "Bleib!" gut in das Geschehen einbauen. Der Kreativität des Ausbilders sind hierbei kaum Grenzen gesetzt. Je einfallsreicher und engagierter der Hundeführer die spielerischen Übungen gestaltet, desto schneller und dauerhafter wird sich der gewünschte Erfolg einstellen. Das beliebte Spiel des Apportierens läßt sich zum Beispiel mit der Übung „Platz!" verknüpfen, indem der Ausbilder den Hund vor jedem Wurf „Platz machen" läßt. Dabei soll aber nicht vergessen werden, dem Hund die Jagd nach dem Ball erst nach Gabe eines Lautzeichens zu gestatten. Das bereits etablierte Lautzeichen „Frei!" kann diese Funktion genauso wahrnehmen, wie die speziell für Apportierspiele geeigneten Lautzeichen „Hol!" oder „Bring!". Eine andere Variante ist, den Hund sitzen zu lassen. Im Anschluß an das Lautzeichen „Bleib!" entfernt sich der Hundeführer einige Meter, gibt dem Hund „Frei" und wirft dann erst den Ball. Die Möglichkeiten sind, wie gesagt, unendlich.

Wie bereits an anderer Stellen des Buches möchte ich auch hier noch einmal auf die Nachteile hinweisen, die aus zu langem, zu hartem oder zu monotonem Training entstehen können. Seien Sie nicht zu ehrgeizig, gewähren Sie dem Hund ausreichend Zeit, auf die Übungen mit Verhaltensanpassungen zu reagieren, und halten Sie Druck und Streß während des gesamten Trainings so niedrig wie möglich. Behalten Sie die lockere aber konsequente Übungsatmosphäre auch dann bei, wenn eines Tages rein gar nichts klappen will und auch die längst verstandenen Übungen dem Hund scheinbar plötzlich Schwierigkeiten bereiten.

Überquerung von Straßen

Voraussetzungen:	Sicheres Beherrschen der Übungen „Sitz" und „Fuß".
Übungsdauer:	Mehrmals täglich.
Übungsziel:	Der Hund lernt, die Überquerung von Straßen als unveränderliches Ritual zu akzeptieren.
Hilfsmittel:	Gliederkette, Leine, Leckerchen.

Diese Übung läßt sich sehr gut in den täglichen Auslauf des Hundes integrieren. Sie wird nach kurzer Zeit so selbstverständlich, daß der Übungscharakter nahezu verlorengeht. Wählen Sie für diese Übung eine wenig befahrene Seitenstraße, damit Sie Ihre ungeteilte Aufmerksamkeit dem Hund widmen können und andere Verkehrsteilnehmer nicht beeinträchtigen.

Leinen Sie den Hund in sicherer Entfernung vor der Straße oder Kreuzung an und setzen Sie Ihren Weg mit dem Lautzeichen „Fuß!" fort, wobei Sie den Hund wie gewohnt an Ihrer linken Seite führen. Gehen Sie in normalem Tempo auf die Bordsteinkante zu und bleiben Sie dort abrupt stehen. Ist der Hund leicht vorgeeilt und hat die Fahrbahn bereits mit den Vorderpfoten betreten, geben Sie das Lautzeichen „Nein!" und ziehen ihn mit einem deutlichen Ruck an der Leine auf den Bürgersteig zurück. Genau in dem Moment, wenn der Hund neben Ihnen an der Bordsteinkante zum Stillstand kommt, lassen Sie das Lautzeichen „Sitz!" folgen. Während der ersten Übungseinheiten soll der Hund bereits für das Herankommen und Hinsetzen gelobt werden. Später wird dieses Verhalten Teil des Rituals, und der

Hund wird erst nach der Überquerung der Straße gelobt.

Die Geduld des neben Ihnen sitzenden Hundes darf in dieser Situation ruhig ein wenig strapaziert werden. Die Wartezeiten sollen dabei variabel gehalten werden und zwischen zehn Sekunden und drei Minuten betragen. Jeden Versuch des Hundes, aufzustehen oder sich sitzend herumzudrehen, unterbinden Sie unverzüglich mit dem Lautzeichen „Nein!" und der notwendigen Korrektur. Mit dem Lautzeichen „Fuß!", welchem mit einem leichten, kurzen Ruck an der Leine Nachdruck gegeben werden kann, überqueren Sie die Fahrbahn. Auf der gegenüberliegen Straßenseite bleiben Sie erneut stehen und lassen den Hund neben sich sitzen. Nun wird der Hund für sein Verhalten gelobt und erhält zusätzlich eine Belohnung in Form eines Leckerchens.

Die Übung ist nicht mit dem Betreten der Fahrbahn oder dem Erreichen des gegenüberliegenden Gehsteigs beendet. Erst nach einer kurzen Wartezeit auf der anderen Straßenseite, die der Hund sitzend neben Ihnen verbracht hat, gibt der Hundeführer das Lautzeichen „Frei!" und be-

An der Bordsteinkante sitzt der Hund, bis die Hundeführerin das Lautzeichen „Fuß!" gibt.

Bei mehrspurigen Straßen soll der Hund auch vor dem Überqueren der zweiten Fahrbahn sitzen.

Überquerung von Straßen

endet so das Ritual des „Überquerens einer Straße". Nur wenn der Hund gelernt hat, daß er eine Fahrbahn nur im Rahmen dieses Rituals betreten darf, wird es möglich sein, das selbständige Überqueren der Straße durch den Hund auch in anderen Situationen zu verhindern.

Niemals soll der Hundeführer die Straße allein überqueren und seinen Hund von der gegenüberliegenden Straßenseite abrufen! Dies käme für den Hund der Erlaubnis gleich, auf ein wie auch immer geartetes Signal hin die Fahrbahn zu betreten. Das mühevoll etablierte Tabu „Straße" würde seine Bedeutung verlieren. Früher oder später wird der Hund aufgrund eines Mißverständnisses auf die Straße laufen und könnte im schlimmsten Fall von einem Auto erfaßt werden. Sinngemäß gelten die Regeln dieses Rituals auch für Straßen, deren Fahrbahnen mit einem Mittelstreifen getrennt sind. Auch auf dem Mittelstreifen oder einer Verkehrsinsel soll der Hund vor dem erneuten Betreten einer Fahrbahn neben seinem Hundeführer sitzen. Erst wenn der Hund das gesamte Ritual zuverlässig fehlerfrei absolvieren kann, sollte die Übung erst-

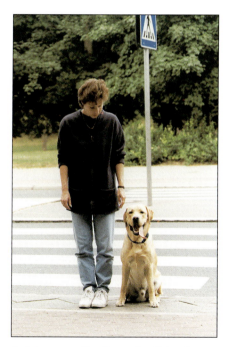

Auf der gegenüberliegenden Seite der Straße angekommen, muß sich der Hund erneut hinsetzen und wird gelobt.

Die Gabe eines Leckerchens schließt das Ritual ab.

malig ohne Leine durchgeführt werden. Zeigt der Hund dabei mehrfach Schwierigkeiten, die auf mangelndes Verständnis des Übungsablaufes schließen lassen oder entzieht er sich Ihren Korrekturen, indem er sich entfernt, setzen Sie die Übung für einen Zeitraum von mindestens einer Woche wieder mit der Leine fort.

Laufen bei Fuß ohne Leine

Voraussetzungen:	Der Hund läuft an der Leine problemlos „bei Fuß"
Übungsdauer:	Etwa zwei Minuten auf jedem Spaziergang.
Übungsziel:	Der Hund läuft neben seinem Hundeführer, ohne nachzuhängen, vorzueilen oder sich zu entfernen.
Hilfsmittel:	Wurfkette, einige Leckerchen.

Auch für die ersten Versuche dieser Übung ist eine Umgebung, in der keine Ablenkungen auf den Hund einwirken, ausgesprochen hilfreich. Die Übung leitet der Hundeführer durch das Lautzeichen „Sitz!" ein. Der Hund wird nun von der Leine befreit. Nicht wenige Hunde reagieren auf das metallische Schnappen des Karabinerhakens der Leine, indem sie aufspringen und sich von ihrem Hundehalter entfernen. Dabei verbinden sie das Geräusch des Verschlusses mit der Möglichkeit, sich frei zu bewegen. Der Hund hat gelernt, daß immer vor dem sehnsüchtig erwarteten Lautzeichen „Frei!" das markante Schnappen des Hakens zu hören ist. Dieser „unerwünschte Lernvorgang" muß zuerst einmal korrigiert werden. Dabei soll der Hundehalter seinen Hund neben sich sitzen lassen und den Verschluß des Hakens schnappen lassen, ohne den Hund jedoch tatsächlich abzuleinen. Der daraufhin losstürmende Hund kann mit dem Lautzeichen „Nein!" und einem heftigen Ruck an der Leine korrigiert werden. Schon beim nächsten Versuch wird der Hund auf das Klicken sehr viel vorsichtiger reagieren.

Nach zwei oder drei Erfahrungen dieser Art hat der Hund gelernt, dem Geräusch des Leinenhakens keine Bedeutung mehr beizumessen. Der Hund sitzt nun also erwartungsvoll an der linken Seite seines Hundeführers. Die Leine ist abgehakt. Bei den ersten Versuchen dieser Übung besteht die Gefahr, daß der Hund, da er frei laufen möchte, gierig auf ein Lautzeichen wartet und bei der ersten Lautäußerung seines Besitzers aufspringt und mit Volldampf das Weite sucht. Diesem Verhalten kann der Ausbilder vorbeugen, indem er ein dem Hund in der linken Hand gehaltenes Leckerchen präsentiert und das Lautzeichen „Fuß" in dem Moment gibt, wenn der Hund das Futter ansieht. Eine halbe Sekunde nach dem Ertönen des Lautzeichens setzt sich der Hundeführer in Bewegung und der Hund, der dem Leckerchen folgt, bleibt dabei an seiner Seite. Schon nach einer

Strecke von vier oder fünf Metern geben Sie das Lautzeichen „Sitz!", und der Hund erhält das Leckerchen erst, wenn er sich hingesetzt hat. Zusätzlich wird er für die richtige Durchführung der Übung gelobt. Die Methode, den Hund bei Beginn dieser Übung mit einem Leckerchen zu führen, bringt einen schnelleren Erfolg, als fortgesetzt und mit steigender Intensität auf einen davonstrebenden Hund einzuwirken. Wiederholen Sie die Übung mehrmals, aber beschränken Sie sich zunächst auf kurze Distanzen. Bauen Sie diese Übung auch in jeden Spaziergang des Hundes ein, damit der Hund ausreichend Gelegenheit hat, das Lautzeichen mit der gewünschten Aktion zu verknüpfen. Drei über den Tag verteilte kurze Übungseinheiten sind dafür besser geeignet als eine halbstündige Übung und drei ereignislose Spaziergänge.

Hat sich bei dem Hund ein grundsätzliches Verständnis dieser Übung eingestellt, kann der Hundehalter beginnen, an den Feinheiten zu arbeiten. Wieder einmal leisten uns dabei einige Stückchen Trockenfutter gute Dienste. Es ist wünschenswert, daß der Hund eng an der linken Seite des Hundeführers läuft und kein großer Abstand zwischen beiden entsteht. Zudem soll der Hund aufmerksam bleiben und auf Änderungen der Bewegungsrichtung seines Hundeführers sofort reagieren. Die Strecken, die Sie während der Übungen „bei Fuß" zurücklegen, sollten jetzt immer zwischen zwanzig und dreißig Meter liegen. Da es in diesem Stadium nicht mehr notwendig ist, das Trockenfutter genau vor die Nase des Hundes zu führen, nehmen Sie es nun in die rechte Hand. Durch Bewegungen der Hand können Sie den Hund dazu veranlassen, während des Laufens enger an Sie heranzurücken. Der Abstand soll dabei nur wenige Zentimeter betragen. Zusätzlich steht die linke Hand jetzt für manuelle Korrekturen zur Verfügung, wenn der Hund einer Richtungsänderung nicht unmittelbar folgt. Wiederum beginnt die Übung mit dem Lautzeichen „Fuß!", und nachdem Sie einige Meter geradeaus gegangen sind, biegen Sie nach links ab. Dabei werden Sie unweigerlich mit dem Hund kollidieren, da dieser auf die Richtungsänderung nicht gefaßt war und seine Bewegungsrichtung beibehalten hat. Leiten Sie daher jede deutliche Richtungsänderung mit dem Lautzeichen „Fuß!" ein, um die Aufmerksamkeit des Hundes zu erhöhen. Gleichzeitig kann eine unterstützende Bewegung mit dem Leckerchen helfen, den Hund zu einer Änderung der Bewegungsrichtung zu veranlassen. Bei Richtungswechseln nach rechts besteht die Gefahr, daß der Abstand zwischen Hundeführer und Hund zunimmt, wenn der Hund der Bewegung seines Ausbilders nicht spontan folgt. Machen Sie diese Wendungen nach rechts am Anfang nicht allzu abrupt. Beginnen Sie den Richtungswechsel daher mit einem großen Kurvenradius und ziehen Sie in die Kurve hinein, wenn der Hund die Änderung der Bewegungsrichtung bemerkt hat.

Entfernt sich der Hund trotz all Ihrer Bemühungen und ausgesuchter Leckerchen immer wieder von Ihrer linken Seite, kann der Einsatz der Wurfkette Abhilfe

Übungen zur Ausbildung

Ein in der rechten Hand gehaltenes Leckerchen hilft, den Hund eng an sich heranzuziehen. Die linke Hand steht währenddessen für Korrekturen zur Verfügung.

schaffen. In diesem Stadium der Ausbildung sollte der Hund das leise Klappern, das entsteht, wenn Sie die Wurfkette aus der Tasche nehmen und zum Wurf ansetzen, bereits gut kennen. Reagieren Sie zunächst mit erneuter Gabe des Lautzeichens „Fuß!", wenn der Hund voreilt oder zur Seite wegdreht. Bewirkt dies keine Reaktion des Hundes, ist ein deutliches Klappern mit der Wurfkette angebracht. Normalerweise genügt dieses Geräusch, um den Hund wissen zu lassen, daß ein unangenehmes Ereignis unmittelbar bevorsteht. In dieser Situation wirklich mit der Wurfkette nach dem Hund zu werfen, bringt meistens keinen Erfolg. Erschrocken springt der Hund ein Stück zur Seite oder legt einen Zwischenspurt ein, wobei sich die Entfernung zu Ihnen zwangsläufig beträchtlich vergrößert. Daher ist es bei anhaltenden Schwierigkeiten günstiger, die Übung zunächst für einige Zeit mit dem angeleinten Hund fortzusetzen.

Das Lautzeichen „Stop!"

Voraussetzungen:	Sicheres Beherrschen der Übungen „Sitz", „Platz" und „Bleib".
Übungsdauer:	Einmal täglich während eines Spazierganges.
Übungsziel:	Der Hund bleibt stehen, wenn der Ausbilder das Lautzeichen „Stop!" gibt.
Hilfsmittel:	Gliederkette, Geschirr, Fährtenleine, Handschuhe.

Während eines Spazierganges auf der Straße oder in Wald und Flur kann eine Situation eintreten, in der der Hund veranlaßt werden muß, eine Aktion abzubrechen und stehenzubleiben. Ein aus einer Einfahrt kommendes Auto, eine quer über Gehsteig und Straße flüchtende Katze oder eine Begegnung mit Wild können den Hund in Gefahr bringen oder seinen Jagdinstinkt ansprechen. Nimmt ein Hund erst einmal die Verfolgung eines Beutetieres auf, gewinnt der Raubtierinstinkt die Kontrolle über sein Handeln, und der „Wolf im Hundepelz" schenkt den Rufen seines Besitzers normalerweise keine Aufmerksamkeit mehr. Als Rudelführer haben Sie natürlich das Recht, zu bestimmen, ob, wann und wer gejagt wird und wer nicht. Der Hund wird dies akzeptieren, wenn es uns gelingt, ihm zu vermitteln, daß alle Versuche, eine Jagd ohne Zustimmung des Rudelführers aufzunehmen, zum Scheitern verurteilt sind. Für das Training auf das Lautzeichen „Stop!" eignet sich die Fährtenleine.

Der Hund darf sich nun auf einem Spaziergang frei bewegen, und der Ausbilder führt die Fährtenleine so, daß der Hund möglichst keine Beeinträchtigung durch die Leine verspürt. Er soll das Gefühl haben, sich völlig frei bewegen zu können. Die Handhabung dieser langen Leinen ist keineswegs einfach und erfordert ein hohes Maß an Konzentration. Legen Sie einen Teil der Leine in lassoartigen Schlaufen in eine Hand und führen Sie die Leine mit der anderen Hand. Nun müssen Sie ständig die Leine verkürzen oder nachlassen, je nachdem ob der Hund auf Sie zukommt oder sich von Ihnen weg bewegt. Zu Ihrer eigenen Sicherheit sollten Sie während der Übungen mit einer Langleine immer Handschuhe tragen. In Abhängigkeit von Körpergewicht und Bewegungsgeschwindigkeit Ihres Hundes wirken auch auf Ihre Hände erhebliche Kräfte ein. Rutschen Ihnen einige Meter der Leine durch die Hände, wenn der Hund die Verfolgung einer Beute aufgenommen hat, könnten Sie unter Umständen Brandblasen oder Schürfwunden davontragen.

Ein günstiger Moment für die Übung ist gekommen, wenn der Hund durch sein Verhalten zeigt, daß er sich nicht angeleint fühlt. Die Entfernung zwischen Hund und Hundeführer sollte ungefähr der halben Leinenlänge entsprechen. Nun geben Sie das Lautzeichen „Stop!". Bleibt der Hund auf das Lautzeichen hin nicht unverzüglich stehen, antworten Sie mit einem Ruck an der Leine. Dieser Ruck soll kräftig sein, die Vorwärtsbewegung des Hundes verstärkt den Effekt zusätzlich. Sowie der Hund stehenbleibt, loben Sie ihn aus der Entfernung. Halten Sie, während Sie sich Ihrem Hund nähern, die Leine nicht straff gespannt, aber verkürzen Sie die Leine ständig, damit Sie sofort erneut korrigieren können, wenn sich der Hund in Bewegung setzen will, bevor Sie ihn erreicht haben. Bei Ihrem Hund angekommen, loben Sie ihn erneut, und zeigen Sie ihm durch die Gabe eines Leckerchens, daß er alles richtig gemacht hat. Erst nachdem Sie das Lautzeichen „Frei!" gegeben haben, darf der Hund seinen Weg fortsetzen.

Die Wirkung dieser Übung beruht auf einer Korrektur, die dann erfolgt, wenn sich der Hund außerhalb Ihres Einflußbereiches wähnt. Er soll unter anderem lernen, daß Sie auch aus der Entfernung auf ihn einwirken können, wenn er gegebene Lautzeichen nicht beachtet.

Glücklicherweise können sich Hunde nicht über einen langen Zeitraum konzentrieren. Spätestens nach fünfzehn Minuten hat er wieder vergessen, daß er angeleint ist. Dieser erste Teil der Übung dient nur dazu, den Hund an das Lautzeichen zu gewöhnen und ihm aufzuzeigen, welche Konsequenzen die Nichtbeachtung hat. Um eine Korrektur unerwünschten Verhaltens zu erreichen, muß mit dem Hund unter den Bedingungen einer realen Situation geübt werden. Dafür wird dem Hund ein Brustgeschirr angelegt, keinesfalls darf die Fährtenleine jetzt an einem Halsband befestigt werden. Geeignete Geschirre werden von verschiedenen Herstellern im Fachhandel angeboten. Das Training unter realen Bedingungen erfordert große Geduld. Möchten Sie verhindern, daß Ihr Hund jede Katze zu jagen beginnt, wird sich kein schneller und dauerhafter Erfolg wie bei den anderen Übungen einstellen. Über einen längeren Zeitraum, in dem es Abschnitte geben wird, in denen Sie keine Korrektur anbringen können und also auch kein Lernerfolg erzielt werden kann, müssen Sie bereit sein, eine Korrektur mit der Fährtenleine jederzeit anzubringen, wenn sich eine geeignete Situation ergeben sollte. Mitunter werden Sie mehrere Tage den Hund an der Fährtenleine führen, ohne daß Sie auf einem Spaziergang einer Katze begegnen. Doch plötzlich und unerwartet tritt diese Situation ein. Ihr umherstreifender Hund wird eines Beutetieres ansichtig und geht sofort zur Attacke über. Nun müssen Sie blitzschnell reagieren. Der locker in Ihrer Hand gehaltene Teil der Leine fällt zu Boden, Ihre Hand schließt sich fest um die Halteschlaufe der Langleine, und gleichzeitig geben Sie mit Nachdruck das Lautzeichen „Stop!". Ihr Hund wird sich um das Lautzeichen „nicht die Bohne kümmern" und rast Sekundenbruchteile später aus vollem Lauf in die sich straffende Leine. Wäre die Leine jetzt am Halsband des Hundes befestigt, könnte er sich ernsthaft verletzten.

Führen Sie diese Übung daher NIEMALS durch, wenn die Leine am Halsband befestigt ist! Auch das Risiko, das Sie selbst tragen, muß angesprochen werden. Schon ein 40 Kilogramm schwerer Hund, der aus vollem Lauf in die Fährtenleine rennt, reißt seinen Ausbilder möglicherweise von den Beinen. Neben eventuellen Sturzverletzungen können Sie sich unter Umständen sogar eine Zerrung zuziehen. Die gute Nachricht ist, daß nur ein oder zwei Erfahrungen dieser Art ausreichen, um den Hund lernen zu lassen, daß es notwendig ist, Ihren Lautzeichen unter allen Umständen Beachtung zu schenken. Die Schwierigkeiten und Risiken, die mit dieser Übung verbunden sind, rechtfertigen aber den Aufwand, wenn man verhindern kann, daß der Hund eines Tages bei der Verfolgung einer Katze von einem Auto überfahren wird. Auch das Jagen von Rot- oder Niederwild in freier Natur läßt sich auf die gleiche Weise unterbinden. Sie gehen dadurch der Gefahr aus dem Weg, daß Ihr Hund eines Tages beim Wildern von einem Jäger überrascht und erschossen wird.

Für den Einsatz einer Langleine gibt es viele Anwendungsgebiete. Sie hilft das „Tabu" Straße zu etablieren, bei Abrufübungen oder bei der Dämpfung des Jagdtriebs.

Ich habe verschiedene Ausbildungstechniken zur Dämpfung des Jagdtriebes und zur Aufrechterhaltung des Gehorsams des Hundes in der Gegenwart potentieller Beutetiere erprobt. Einzig die hier vorgestellte Technik hat sich in allen Fällen als wirkungsvoll erwiesen. Gelegentlich bringt aber auch der Einsatz der Wurfkette schon Erfolge. Probieren Sie daher zunächst, den Hund von der Verfolgung eines Beutetieres abzuhalten, indem Sie auf die Nichtbeachtung des Lautzeichens die Wurfkette vor oder zwischen die Beine des Hundes werfen. Hunde, die über einen ausgeprägten Jagdtrieb verfügen, lassen sich aber in der Regel von dieser Methode nicht beeindrucken. Eine dritte Variante ist, den Hund darauf zu trainieren, sich auf einen Pfiff blitzartig hinzulegen. Der Pfiff kann mit einer Hundepfeife gegeben werden, da die hohen Frequenzen dieser Pfeife nicht nur weit tragen, sondern auch nicht durch andere Umweltgeräusche überdeckt werden. Jäger bilden ihre Hunde häufig nach dieser Methode aus, wobei nicht verschwiegen werden darf, daß viele Ausbilder dabei zu unlauteren Methoden greifen. Nur wer über große Geduld und gute Fertigkeiten verfügt, kann den Jagdtrieb seines Hundes ohne Einsatz von Gewalt dämpfen. Erwarten Sie dabei keine Wunder, denn völlig auslöschen läßt sich der Jagdtrieb des Raubtieres Hund auf keinen Fall.

Ein Ritual vor Betreten des Hauses

Nach einem Spaziergang bei Regenwetter oder in der kalten Jahreszeit ist es wünschenswert, daß der Hund nicht an Ihnen vorbei in die Wohnung stürzt, wenn der Hundehalter die Eingangstür aufschließt. Vor allem für Besitzer von zwei oder mehr Hunden empfiehlt es sich, für einen geregelten Ablauf beim Betreten des Hauses zu sorgen. Zwei langhaarige Hunde, die im Schneematsch herumgetobt haben und sich nun im Wohnzimmer Dreck und Feuchtigkeit aus dem Pelz schütteln, lösen damit nicht gerade Begeisterungsstürme bei den Mitbewohnern aus. Geben Sie vor der Eingangstür das Lautzeichen „Warten!" und lassen Sie die Hunde „Platz" machen. Betreten Sie den Flur, wobei jeder Versuch der Hunde, aufzustehen und Ihnen zu folgen, unterbunden wird. Nachdem Sie sich Ihres Mantels entledigt haben, kehren Sie mit einem Tuch zurück an die Tür. Nun können Sie die Hunde nacheinander zu sich rufen und abputzen. Schon nach wenigen Wiederholungen dieser Prozedur hat sich der Ablauf im Gedächtnis der Hunde festgesetzt, und das Ritual wird nur noch mit dem Lautzeichen „Warten!" eingeleitet. Auch ohne die Lautzeichen „Platz" und „Bleib!" verharren die Hunde, bis sie abgerufen werden.

Anhang

Literatur

NIEMAND; H. G., SUTER, P. F. (Hrsg.), 1994: Praktikum der Hundeklinik, 8. Auflage. Blackwell Wissenschafts-Verlag, Berlin.

TRUMLER, E., 1972: Mit dem Hund auf Du. Piper, München.

TRUMLER, E., 1977: Hunde ernstgenommen. Piper, München.

TRUMLER, E., 1986: Der schwierige Hund. Piper, München.

ZIMEN, E., 1971: Wölfe und Königspudel. Piper, München.

ZIMEN, E., 1979: Wolf und Hund. Meyster, München.

ZIMEN, E., 1992: Der Hund. Goldmann, München.

Weiterführende Literatur aus dem Parey Buchverlag

ASKEW, H. R., 1997: Behandlung von Verhaltensproblemen bei Hund und Katze.

BEYERSDORF, P., 1997: Dein Hund auf Ausstellungen. 3. Auflage.

GASKELL, R., BENNET, M., 1998: Infektionskrankheiten bei Hund und Katze.

HEGENDORF, REETZ, H., 1980: Der Gebrauchshund – Haltung, Ausbildung und Zucht. 14. Auflage.

KOBER, U., PEPER, W., 1995: Pareys Hundebuch. 2. Auflage.

KRAFT, W. (Hrsg.), 1998: Geriatrie bei Hund und Katze.

KRINGS, M., PEPER, W., 1996: Der kindersichere Hund.

LINNMANN, S. M., 1998: Die Hüftgelenksdysplasie des Hundes.

MEYER, G., MEYER, H., 1998: 25 Hundeporträts.

MEYER, H., ZENTEK, J., 1998: Ernährung des Hundes. 3. Auflage.

POORTVLIET, R., 1987: Mein Hundebuch. 2. Auflage.

SCHOKE, TH. A., 1998: Hundeausbildung – modern, artgerecht, erfolgreich.

WEIDT, H., 1996: Der Hund, mit dem wir leben: Verhalten und Wesen. 3. Auflage

Bildnachweis

Seiten 11, 12
Zeichnung von GISELA JAHRMÄRKER, Berlin

Seite 20
Interessengemeinschaft Deutscher Hundehalter e. V., Hamburg

Seite 44
HELMUT HORROLT, Nürnberg

Seite 54
GRÜNER, Bayreuth

Seite 58
HEINZ WEIDT, Kunreuth

Alle anderen Abbildungen stammen vom Autor.

Thomas Achim Schoke
Hundeausbildung
modern – artgerecht – erfolgreich

Ein praxisorientierter Ratgeber für Auswahl, Haltung und Erziehung des Hundes

1998. XVI, 326 Seiten mit 134 Abbildungen, davon 119 farbig. 15,3 x 23 cm. Gebunden.
DM 58,– / öS 423,– / sFr 53,50
ISBN 3-8263-8515-2

Hunde-Erziehungsbücher gibt es wie Sand am Meer. Richtig gute schon wesentlich weniger und solche, nach deren Lektüre man wirklich versteht, was im Kopf eines Hundes vor sich geht, fast keine. Eine rühmliche Ausnahme ist das Buch von Thomas Schoke. In jeder Zeile spürt der Leser die lange und intensive Beschäftigung des Autors mit den wirklichen Bedürfnissen, Ansprüchen und Möglichkeiten des Hundes. Dabei erhält er auf anschauliche und aufschlußreiche Weise das notwendige Hintergrundwissen und die artgemäßen Ausbildungstechniken mit leicht umsetzbaren Übungen, mit denen er seinen Hund zu einem ausgeglichenen Familienmitglied und folgsamen Begleiter erziehen kann.
Berliner Tierfreund

Metty Krings / Elke Peper
Der kindersichere Hund

Freund, Beschützer, Spielgefährte. Mit einem Anhang für Kinder, »12 Goldene Regeln im Umgang mit Hunden«

1996. 136 Seiten mit 80 farbigen Abbildungen.
15 x 19,7 cm. Gebunden. DM 29,80 / öS 218,– / sFr 27,50
ISBN 3-8263-8407-5

Zu beziehen durch den Buch- und Fachhandel!
Parey Buchverlag · Berlin
Kurfürstendamm 57 · 10707 Berlin · Tel.: (030) 32 79 06-59
Fax: (030) 32 79 06-44 · e-mail: parey@blackwis.de
Internet: http://www.parey.de   Preisstand 1. September 1998